Vorsicht! Ansteckend!

Vorsicht! Ansteckend!

Geschichten und Gedichte
von Mitgliedern des
Schneverdinger Literatentreffs

mit Illustrationen von Edeltraud Lipski

Impressum

Adresse

Herstellung und Verlag:
BoD - Books on Demand, Norderstedt
ISBN: 9783758300998

Kontakt

Sie erreichen unseren Kundenservice Mo/Mi/Fr von 09:00–17:00 Uhr und Di/Do
von 09:00–12:00 Uhr.

Tel. Zentrale: +49 40 – 53 43 35-0
Tel. Autorenberatung: +49 40 – 53 43 35-11
Tel. Verlagsberatung: +49 40 – 53 43 35-18
info@bod.de
www.bod.de
Geschäftsführung: Dr. Marko Kuck, Jörg Paul, Alyna Wnukowsky
Redaktion: Iris Kirberg
Programmierung: ISA GmbH, Tania Frevert, Weikatec GmbH, Books on Demand
GmbH

Mitglied im Börsenverein des Deutschen Buchhandels e.V.
Verkehrsnummer: 11 507
Teilnehmer am BAG-Abrechnungsverfahren
Umsatzsteuer-ID-Nummer: DE 212971392
Handelsregister: Amtsgericht Kiel HRB 4551 NO

Die Europäische Kommission stellt unter http://ec.europa.eu/consumers/odr/ eine
Plattform zur Online-Streitbeilegung (OS) bereit. Die Books on Demand GmbH ist
jedoch nicht verpflichtet und nicht bereit, an Streitbeilegungsverfahren vor einer
Verbraucherschlichtungsstelle teilzunehmen.

Bankverbindung

Deutschland:
Commerzbank AG Deutschland
BIC/SWIFT: COBADEFFXXX
IBAN DE39 2004 0000 0630 2558 00

Schweiz:
Credit Suisse Zürich
Clearing 4835
IBAN: CH0404835059626371000
Swift CRESCHZZ80A

Zum Buch:

Die Texte in diesem Buch entstanden während des Lock-downs und den landesweit verordneten Kontakteinschrän-kungen während der Corona-Pandemie.

Die Autoren und Autorinnnen gehören zu einer Gruppe von Schreibenden in Schneverdingen (Niedersachsen). Die lie-ßen sich von den Kontaktbeschränkungen zwischen 2020 und 2022 in ihrer Kreativität nicht unterkriegen, sammelten die in der Zeit entstandenen Geschichten und Gedichte, um sie später auch anderen Menschen zugänglich zu machen. Eine Auswahl davon befindet sich nun in diesem Buch.

So unterschiedlich wie die Schreibenden, so unterschiedlich sind auch ihre Werke. Sie geben einen Einblick darein, was das Virus und die Pandemie mit Menschen gemacht hat und wie sie damit umgegangen sind. Die Geschichten und Ge-dichte handeln einerseits von Einsamkeit, Verzweiflung und Wut, von Nichtverstehen und Unsicherheit, andererseits je-doch ebenso von Wärme und Licht, Hoffnung, Mut und Zu-versicht. Einige Texte erzählen aber auch vom ganz norma-len Leben mit all seinen Möglichkeiten und Fallstricken.

Die Gruppe der Schreibenden trifft längst sich wieder regel-mäßig unter dem Dach des Schneverdinger Kulturvereins.

Mit ihren öffentlichen Lesungen und jetzt besonders mit dem Buch wollen die Autoren und Autorinnen nicht nur unterhal-ten, sondern auch Mut zum Schreiben machen.

Schreiben ist wie langsames Nachdenken. Man kommt zu ganz wunderbaren Einsichten und Ergebnissen.

Und es ist ansteckend; fast so ansteckend wie das Corona-Virus, nur im Gegensatz dazu anregend und wohltuend.

Also beim Lesen daran denken: **Vorsicht! Ansteckend!**

INHALTSVERZEICHNIS

I

Krise

Es war doch immer alles okay
im Großen und Ganzen. Nichts tat uns weh.
Wir kämpften und maulten auf hohem Niveau,
kauften uns Spaß und waren froh,
wenn das Wetter gut, die Preise niedrig,
die Lieben gesund und auch sonst nichts widrig.

Die Probleme der andern, meist weit entfernt
und nur durch die Medien kennengelernt.
Doch jetzt ist auf einmal alles so nah.
Es bedroht uns alle, ist spürbar da.
Nützte bisher Problemwegdenken,
Nichtwahrhabenwollen, sich ablenken,

so zählen die Strategien nun nicht mehr.
Es muss etwas Anderes, Größeres her.
Und tatsächlich wächst nun das Andre heran,
das unsere Welt verändern kann.
Wie kann ich helfen, wie bring ich mich ein?
Abwarten kann nicht mehr alles sein.

Die Bereitschaft zu helfen – wie eine Welle
nimmt sie uns mit, man ist zur Stelle,
befreit endlich sein soziales Wesen,
vom Dauer-Egoismus scheinbar genesen.
Man spürt sich wieder und das Leben,
möchte von Eigenem andren was geben.

Manche entdecken ihr besseres Ich,
verändern und verwirklichen sich,
lernen neu Demut und Mitgefühl,
motivieren sich täglich: ich kann, wenn ich will.
Als Alternative will man oft spenden.
Auch so kann man durchaus Unheil abwenden.

Es ist dann die Zeit, die gegen uns ist.
Angst sich durch manche Gemüter frisst.
Die Hoffnung weicht einer Müdigkeit;
es macht sich Verzweiflung und Zornigsein breit.
Der gemeinsame Gegner ist kaum zu fassen
und wird sich auch nicht verantworten lassen.

Und darum müssen andere her,
die man für schuldig hält umso mehr.
Kein Argument mehr, lautes Geschrei
und manch ein Querkopf ist auch dabei.
Schon immer gebürstet auf Krawall
ist er gegen alles auf jeden Fall.

Die Mehrheit ist leiser und kennt ihre Pflicht.
Erst langsam, ganz langsam reift die Sicht,
dass Wissen Gefahr berechenbar macht.

Man lebt mit ihr, auf Abstand bedacht.
Anders als vorher, doch gut und schön
und kann so mit Zuversicht zukunftswärts geh'n.

Edeltraud Lipski

Die Blume

Als der Tag zu atmen begann,
sah ich am Rande des Morgens
die Blüten einer wunderschönen Blume.
Sie wurde von keiner Sonne beschienen,
sondern sie glühte von innen, fast wie
ein begonnener, aber noch zaudernder
leidenschaftlicher Gedanke.
Die Blume verströmte einen Duft,
in der sich eine gefühlvolle Erwartung
von kühlem Aufbruch und
umschmeichelnder Wärme mischten.

Es gab darin auch keinen Hauch dieser
uralten Ängste oder der vorauseilenden
Schatten von Depression.
Nein, es war einfach ein jauchzender
fröhlicher Duft.
Und plötzlich wusste ich, wer
die Blume war. Es war der neue Tag,
ein fröhlicher Tag, wie es ihn früher gab
und den wir so lange vermisst hatten.
Ein Tag voller Schönheit, Anmut, Kultur
und Liebe.
Ich pflückte diese Blume nicht, denn
es war eine Blume für alle. Nein, ich
versuchte einfach, den Tag einzufangen.

Joachim Peters

Frühlings-Sehnsucht

Ich sehne mich nach Frühlingsknospen,
dem Geruch warmer Erde;
nach dem Strahlen der Sonne aus
dunklen Wolken.
Ich möchte wieder die Wärme
des Augenblicks einer Umarmung
spüren und die wärmende Herzlichkeit
eines guten Gesprächs.
Aber mir ist kalt in dieser Zeit,
denn ich sehe nur die Virusknospen
die Monitore füllen;
Impfzentren, kahl und still,
Menschen als sterile Geister.
Ein Lächeln unter den Masken,
fast wie heimlich.
Ich gehe durch einst belebte Straßen,
voll von Leichen lächelnder Gedanken,
wo vor den Lokalen sich
das alte Laub an Tischbeinen
und Stühlen sammelt.
Ich spüre die Traurigkeiten der Menschen,
Gedanken voller Zukunftsangst.
Angst vor den Schmerz,
dem Leid und dem Tod;
Angst, die die Seelen der Menschen frisst.
Was wollen wir tun?
Wir sind leer, müde,
antriebslos, verloren und zerstört.

Ja, es wird Zeit, Zeit die Waffen zu
schärfen, dem Feind ins Auge zu
schauen. Und auch wenn wir sonst
nicht viel spüren,
zu beginnen, den Feind
mit kühler Distanz zu betrachten.
Lasst es uns nicht einzeln, sondern
gemeinsam tun. Und irgendwann
werden wir wieder leben können.

Joachim Peters

Hohe Schwingen

Große Schwärme weither fliegen,
ruhig sich im Luftstrom wiegen.
Wie sie schreien, rufen, klagen,
gegenseitig sich was sagen.

Schon von weitem kann ich´s hören,
wie den Luftraum sie beschwören.
Dieser Klang lässt mich aufblicken,
meine Sicht zum Himmel schicken.

Hoch am Himmel, stolz im Fluge
ziehen sie im schnellen Zuge.
Ach, wie eilig flieg´n sie weiter.
Nur der Himmel glänzt noch heiter.

Bald schon naht der nächste Keil,
aufgereiht wie an ´nem Seil.
Staunend blicke ich nach oben,
wo sie fliegen keilverschoben.

Jedes findet Abstand, Raum,
ändert seinen Flugplatz kaum.
Weiter drängt es sie zu eilen,
nur nicht allzu lang verweilen.

Nicht vom Kurse abzuweichen,
sondern bald das Ziel erreichen.
Manche ziehen dennoch Kreise,
machen deutlich auf die Weise,

dass sie ihren Rastplatz suchen
und sich dort zur Landung rufen.
Dabei kommen mir Gedanken,
lassen innerlich mich schwanken:

Sehnsucht wächst in meinem Herzen,
nachzuträumen: Seelenschmerzen.
Wären Flügel mir verliehen,
könnte ich doch auch mitziehen!

Fort aus langer Zeit der Nacht,
fort aus Ohnmachts dunkl´er Macht.
Herrschte zudem Sonnenschein,
könnt´ er mich von Angst befreien.

Jetzt im Frühjahr kehr´n sie wieder,
singen in der Höhe Lieder.
Scheinen Hoffnung mitzubringen.
Höre Freudenrufe klingen.

Gero Müller

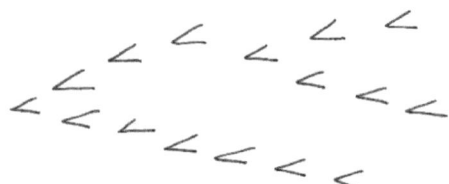

Das Königreich

Es war einmal ein König, der lebte in seinem Traktor. Er saß erhöht wie auf einem Thron und blickte weit in die Welt unter ihm. Im Sommer öffnete er alle Fenster und der Wind kühlte die kleine Kabine. Im Winter saß er sicher und warm.

Den Menschen begegnete er freundlich und half, wenn ein starker Motor gebraucht wurde. Alle nannten ihn Herr Lünsmann. Sie grüßten und sprachen mit ihm, wenn er die Tür zu seiner Kabine öffnete. So erfuhr der König immer alle Neuigkeiten, nahm Teil an den Tragödien und lustigen Geschichten des Dorfes.

Die Einladungen seiner Mitmenschen schlug er jedesmal

aus. Er fuhr lieber weiter, bewunderte die Bäume, sah zu wie die Felder erst grün, dann gelb, und zum Jahresende wieder schwarz wurden.

Es war ein beschauliches Leben.
Zusehen aus einer anderen Welt. Fern der Erde und doch darauf.
Jahr für Jahr verging und Herr Lünsmann sah die Bäume kahl und wieder grün werden, Menschen lachend vorübergehen, Kinder heranwachsen. Manchmal, wenn ein großes Fest gefeiert wurde und die Musik laut zu hören war, fuhr er dicht an die Quelle um zuzuhören und zuzusehen.
Seine Gedanken veränderten sich. Er fragte sich, was wohl geschehen wäre, wenn er eine der zahlreichen Einladungen angenommen hätte, wenn er sich mit den Füßen auf die Welt gestellt hätte
Für einen Moment wenigstens
Ob es sich wohl anders anfühlt, wenn man dabei ist und nicht nur zusieht? Ob es anders roch, wenn seine Füße auf der schwarzen Erde standen, oder mitten zwischen den gelben Halmen im Sommer?
Heute kreisten seine Gedanken immerzu um diese Fragen, denn es wurde wieder laut gefeiert im Dorf und Herr Lünsmann hatte bereits an einer guten Position geparkt.
Er beobachtete wie Jung und Alt fröhlich aus dem Festsaal an die frische Luft gingen. Manche sangen noch das zuletzt gespielte Lied, andere hatten ganz rote Wangen vom Tanzen und fächerten sich Luft zu. Alle waren ausgelassen und hatten viel zu reden.
Herr Lünsmann öffnete seine Kabinentür in der Hoffnung, dass jemand sich zu ihm gesellte, um einen Plausch zu

halten. Doch die Menschen waren alle mit sich selbst be-
schäftigt und beachteten ihn nicht

Stundenlang saß er da in seinem kleinen sicheren König-
reich, mit geöffneter Kabinentür
Entspannt ließ er sich in den bequemen Sitz sinken, schloss
die Augen, lauschte der Musik und dem Stimmengewirr.
„Mir geht's doch gut hier", murmelte er sich selber zu, um die
aufkommende Sehnsucht zu vertreiben.
Ein Luftzug durchfuhr die kleine Kabine und Herr Lünsmann
erschrak, als er die Augen öffnete.
Auf dem Tritt, direkt vor ihm, stand eine Frau.
Sie hielt den Kopf schief und betrachtete Herrn Lünsmann
ganz genau.
„Was tust du hier?", fragte er irritiert und richtete sich
kerzengerade auf. Wie konnte sie es wagen, so weit vor-
zustoßen in seine Welt?
„Ich? Ich wollte mal gucken, ob es dir gut geht." Die Frau
kletterte ungeniert weiter bis hoch in seine Kabine und nahm
auf Reifensitz Platz. „Sie nennen dich alle Herr Lünsmann
und sie berichten viele merkwürdige Geschichten von dir. Da
dachte ich, ich gucke mir den König mal selber an."
Der Eindringling musterte ungeniert sein Gesicht, die Hände,
die Beine und dann das ganze Königreich.
„So, so. Hier lebst du also. Sag mal, ist das nicht ein wenig
eng?"
Noch bevor Herr Lünsmann sich eine Antwort überlegen
konnte plapperte sie aufdringlich weiter.
„Und stimmt es, dass du das hier noch nie verlassen hast?
Die Leute reden ja immer so viel, und auch viel dummes
Zeug. Ich dachte, ich hole mir die Antworten auf meine
Fragen bei dir persönlich ab."

Herr Lünsmann hatte den Mund geöffnet, doch die Worte blieben in seinem Hals stecken. Die Frau lachte daraufhin laut und streckte ihm die Hand entgegen.

„Ich heiße Greta, und wer bist du?"

Der König war so irritiert, dass es einen Moment dauerte, bis er die dargebotene Hand nahm.

„Lünsmann", presste er heraus und ließ die Hand schnell wieder los. Greta lachte daraufhin laut und herzhaft, bis ihr die Tränen in die Augen schossen.

„Was gibt es da zu lachen? Ich heiße Lünsmann."

Angesäuert schüttelte der König den Kopf. Greta rang nach Atem und als sie wieder sprechen konnte antwortete sie ihm.

„Klar heißt du Lünsmann, aber das kann ja nicht alles sein. Du musst doch auch einen Vornamen haben, oder hast du den etwa vergessen?"

Dem König wurde jetzt erst bewusst, dass ihn seit Ewigkeiten niemand mehr beim Vornamen gerufen hatte. Zuletzt seine Mutter, die vor Jahrzehnten verstarb.

„Karl-Ferdinand."

Greta riss begeistert die Augen auf.

„Kalle! Das ist ja cool!"

Als die Musik wieder laut zu spielen anfing sprang Greta auf und quetschte sich vorbei am König, trat rückwärts auf den Tritt und sah ihn mit riesigen Augen an. Ihre Wangen waren noch gerötet vom Lachen.

„Na los Kalle, auf geht's, es geht weiter. Die Musik fängt wieder an. Komm schon und sei kein Frosch..."

Sie strecke ihm die Hand entgegen und er, Karl-Ferdinand Lünsmann, König eines Traktors winkte bestimmt ab und sah Greta hüpfend der Musik entgegeneilen.

Als er sicher war, dass niemand ihm zusah verließ er das

allererste Mal seit Ewigkeiten seine Kabine und stand neben seinem Traktor, mit den Füßen auf der Erde. Er machte drei Schritte vorwärts, dann nach rechts, drei Schritte nach links, dann zurück, betrachtete sein Königreich und umrundete es. Die Musik verstummte und die Dorfbewohner traten ins Freie. Sie trauten ihren Augen nicht, als sie Karl-Ferdinand Lünsmann vor seinem Traktor stehen sahen. Greta rannte ungeniert auf ihn zu und boxte ihm kameradschaftlich in die Seite.

„Siehste Kalle, ich habe doch gewusst, dass die Leute nur blödes Zeug reden." Dann hüpfte sie neben ihm auf der Stelle.

Die Dorfbewohner waren inzwischen ebenfalls an ihn herangetreten und sprachen oder lachten ihn freundlich an. Sie nahmen ihn in ihre Mitte und irgendwer brachte einen großen Krug Bier und reichte ihn dem König.

Alle redeten auf ihn ein bis Greta ein lautes „Prost!" rief und den Arm hob.

„Prooooost!", erklang es laut im Chor und Herr Lünsmann hob sein Glas zum Gruß, bevor er es an die Lippen setze, um einen kräftigen Schluck zu trinken.

„Hoch soll er leben, hoch soll er leben ..."` ertönte es nun um ihn herum und selbst die wiedereinsetzende Musik im Saal unterbrach die Zeremonie nicht.

Und so wurde Karl-Ferdinand Lünsmann, König eines Traktors, ein Teil von ihnen.

Er grub seine Hände im Sommer weit in die Erde, schritt durch tiefes Moos im Herbst und sah sich seine Fußabdrücke an. Im Winter, die Leute redeten wieder, dass er verrückt sei, ging er barfuß durch den Schnee, bis seine Zehen blau gefroren waren. Danach wärmte er sich am Küchenofen von

Traute und Hans-Hermann, die immer einen heißen Tee für ihn übrighatten. Im Frühling, wenn die ersten Knospen ins Licht drangen, wenn die Vögel ihre Nester bauten, stellte er sich unter das erste, zarte Grün der Bäume und sah den fleißigen Nestbauern zu.

Sein Mut wurde belohnt, denn seine Fragen fanden Antworten und seine Sehnsucht verwandelte sich in Freude, wenn er sich in Gesellschaft begab. Sein winziges Königreich hatte weitere Räume erhalten, die er aufsuchen und nutzen konnte, wann immer er wollte.

Und wenn er nicht gestorben ist, der König Karl-Ferdinand Lünsmann, dann lebt er immer noch – mitten unter uns.

Christine Hartung-Czaja

Aufbruch

Lange Zeit ist es her, da lebte ein Bauer namens Johann mit seiner Frau Gesche und seinen fünf Kindern am Rande des Dorfes.
Sie bewohnten eine winzige Hütte und waren sehr arm. Oft herrschte Not und Elend und sie litten Hunger.
Johann verdingte sich sein Tagewerk, indem er den Bauern des Dorfes in den Ställen und auf den Feldern half.
Gesche, seine Frau, nähte für die Reichen.

In diesem Jahr ging es ihnen besonders schlecht und Gesche begab sich in die Stadt, um dort zu betteln.
Es war ein langer Marsch – zwei volle Tagesreisen.

Johann blieb mit den Kindern zurück. Die Kinder jammerten vor Hunger und Johann schlich des nachts zum größten Bauern des Dorfes. Er stahl ihm drei Hühner und einen Sack Mehl. Dann lief er so schnell er konnte zu seiner Hütte zurück. Als er gerade eines der Hühner schlachten wollte, wurde er vom Bauern überrascht. Dieser wollte von einer Bestrafung absehen, aber Johann musste bis zum nächsten Abend seine Hütte geräumt und das Dorf verlassen haben.

Am nächsten Morgen, als seine Frau heimkam, hatte er die wenigen Habseligkeiten bereits zu einem Bündel verschnürt.
Er schilderte ihr die Lage und sie machten sich auf den Weg in eine neue Zukunft.
Sie ließen ihr kleines Dorf hinter sich.

Und als sie zurückblickten, tat es auf einmal nicht mehr weh.
Sie schauten über die reifen Felder, die im Wind wie goldenes
Wasser wogten.

Alles hatte seinen Platz und seine Zeit.
Es war unabänderlich und richtig.

Gisela Pelz

Malermeister Müller

Müller ist ein Malermeister,
klebt Tapeten stets mit Kleister.
Dabei steht er auf der Leiter,
denn es geht nach oben weiter.

Maler Müller ist auch Reiter,
reitet er, so ist er heiter.
Hat er Urlaub, ja, dann reist er
durch die Städte und auch weiter.

Vor'ges Jahr, da war bereit er,
wurde doch noch zum Hochzeiter.
Lebt mit Sonja freudig weiter,
beide halten's für gescheiter.

Müller malert immer weiter,
freizeitlich bleibt er auch Reiter.
Sonja wurd' zum Küchenmeister
und ihr Mann ward' täglich feister.

Eines Tag's, Sonja wurd' dreister,
sagt sie doch zum Malermeister:
„Wirst du aber jetzt noch feister,
jag' ich dich ganz schnell über'n Deister."

Silva Weinrich

Schusters Wichtel

Ein kleiner Schuster ohne Geld,
verzweifelt an der Wirtschaftswelt,
hat Leder für ein einzig´s Paar,
was ihm zuletzt geblieben war.

Das schnitt er zu noch vor der Nacht.
Am Morgen, als er aufgewacht,
um an die Arbeit gleich zu gehen,
schien er ein Wunder da zu sehen.

Denn ein Paar Schuhe, wie er sah,
schon angefertigt worden war.
Zu seiner Frau ist er geeilt
und hat es ihr gleich mitgeteilt.

Erklärungssuche sie nicht sparten.
Da riet sie ihm, noch abzuwarten.
„Du kannst dies´ Paar sogleich verkaufen,
nach neuem Leder dann zu laufen.“

Er fand auch einen Käufer schnell.
Das war ein richt´ger Freudenquell.
Das Leder gleich erstanden war
und reichte für ein Doppelpaar.

Das schnitt er zu am Abend wieder
und legte sich zum Schlafen nieder.
Am nächsten Morgen eilt er schnelle
zu seiner Schusterarbeitsstelle.

Und fertig standen dort zwei Paar.
Erneut erstaunt der Schuster war.
Er kaufte Leder immer mehr
und sein Verkaufstisch blieb nicht leer.

Ihm schien das schließlich nicht geheuer,
denn Schuhanfertigung ist teuer.
Musst´ er die Kosten später zahlen?
Er mochte das nicht aus sich malen.

Da riet die Frau, des Nachts zu spähen,
um das Geheimnis zu verstehen.
Versteckt hab´n beide sich per Nacht
und haben alles überwacht.

Um Zwölfe kamen dann herein
zwei kleine nackte Männelein.
Die fingen gleich zu schustern an,
wie man es sich kaum vorstell´n kann.

Sie nähten, klopften sehr geschickt,
wär´ so dem Schuster nie geglückt.

Als fertig waren alle Paare,
stand da die allerbeste Ware.

Das Morgenlicht schon etwas dräute.
Da trollten sich die kleinen Leute.
So ging es weiter Nacht für Nacht,
hat Schusters Wohlstand bald gebracht.

Doch in der sel´gen Weihnachtszeit
war Schusters Frau nun auch bereit,
den Männchen ein Geschenk zu machen.
Sie nähte allerliebste Sachen.

Darunter Höschen, Jäckchen, Kappen
Verzierte schön die warmen Lappen.
Der Schuster winz´ge Schühchen schuf.
Das war er schuldig seinem Ruf.

Und in der Weihnachtsabendnacht
hab´n sie die Sachen hingebracht.
Sich selbst versteckt, erneut zu sehen,
was würde nachts denn dort geschehen.

Dann kamen sie, die kleinen Wichte.
Und so verlief nun die Geschichte:

Die beiden waren hoch entzückt,
bekleideten sich gleich geschickt.
Sie freuten sich und tanzten, sprangen
und hüpfend sind sie fortgegangen.

Von da an kamen sie nicht mehr.

Doch Schusters Kasse blieb nicht leer.
Sie lebten gut bis an ihr Ende
gedachten gern der Wichtel Hände.

Gero Müller

Selbst

Augen zu und durch, sagt man.
Das ist bedenklich, denn ich kann
nichts sehen durch geschloss'ne Lider.
Ich stoß mich, fall und lieg darnieder.

Seh' nicht Chancen, noch das Licht
am End' des Tunnels. Lieber nicht!
Lieber wachen Auges gehen,
was kommt, was da ist – alles sehen,
drohende Gefahr erkennen,
die Chance bei ihrem Namen nennen.

Entscheidungen mit wachem Blick:
geht's rechts, links, vor oder zurück?
Bin *ich* doch meines Glückes Schmied!
Sing selber meines Lebens Lied!

Edeltraud Lipski

Überholspur...

Du holst mir die Sterne vom Himmel,
bevor wir sie miteinander angeschaut haben.

Du schließt mich in dein Herz,
bevor ich hineinsehen konnte.

Du zeigst mir einen (deinen) Weg
und versperrst alle anderen Wege.

Du möchtest morgens mit mir aufwachen,
obwohl ich abends nicht mit dir einschlafe.

Du sitzt im ICE
und ich in der Regionalbahn.

Du rast auf ein Ziel zu,
das es gar nicht gibt.

Nun machst du mich verantwortlich dafür,
dass du ins Leere gefahren bist.

Edeltraud Lipski

Ein Stück Sonne

Als sie sie legten tief ins Grab,
da war ich voller Schmerz.
Ich brach ein Stück der Sonne ab
und legt' es auf ihr Herz.

Ein Stückchen Wärme und auch Licht
erhellt nun ihren Weg;
so findet sie voll Zuversicht
am Abgrund einen Steg.

Eisig ist's in Hades Hallen,
todverkrampfte Seelen;
Mächte ineinander krallen,
Todessprung verfehlen.

Still zieht der Nachen seine Bahn
über die schwarze See;
der Fährmann sicher führt den Kahn,
bezahlt mit Sonnenschnee.

Dort ist das Licht der Dunkelheit
Meer aus Seelen so rein;
sie schwingt sich in die Ewigkeit,
Licht aus Liebe und Sein.

Joachim Peters

Erni

Der Erni ist ein Katzentier,
ganz grau und Beine hat er vier.
Die Ohren spitz mit Härchen dran,
weshalb er recht gut hören kann.
Das Schnütchen weiß, die Nase schön,
das Kerlchen ist gut anzuseh'n.
Er hat auch einen hübschen Schwanz,
den trägt er stets mit Eleganz.

Zurzeit ist er als Gast bei mir,
weil seine Menschen sind nicht hier.
Sind in den Süden all´ geflogen,
wo sie im Wasser sich austoben.
Derweil versuche ich mit Schönem
den kleinen Erni zu verwöhnen.

In allen meinen Wohnungsräumen
darf er in jeder Ecke träumen.
Gern liegt er auch in meinem Bett,
das finde ich nicht gar so nett.
Er liegt dann nämlich in der Mitte
und höret nicht auf meine Bitte,
ein Stück zur Seit` sich zu bewegen,
dass ich mich legen kann daneben.

Doch Erni liebt auch mein Regal.
Drin liegt er ganz entspannt, total.
Am off'nen Fenster, oh wie schön,
kann er die Vögel fliegen sehn

und auf der Mauer gegenüber
läuft oft 'ne andre Katze rüber.

Nun darf ich aber nicht vergessen,
dass Erni täglich auch muss fressen.
Und deshalb nahm ich heut' vom Tisch
die Dose mit dem Lieblingsfisch.
Da wurde Erni richtig munter,
sprang blitzeschnell vom Stuhl herunter,
verputzte diese leckere Speise
so recht auf katzerische Weise.

Und schmusen kann der kleine Gast!
Er liebt es, dass man ihn anfasst.
Gern legt er sich auf meinen Schoß
und liegt drauf wie ein dicker Kloß.
Er schnurrt und zeigt mir seinen Bauch
als sagte er: „Hör ja nicht auf!"

Es macht schon Spaß mit Ernilein,
denn mit ihm bin ich nicht allein.

Silva Weinrich

Corona-Masken

Das Leben mit Maske,
es kostet uns Kraft.
Jedoch war es auch früher
schon oft maskenhaft.

Zorro, als schwarzer Rächer bekannt,
durchritt mit Maske das ganze Land.
Man denke an Spider-, Bat, und Superman,
die hatten zudem noch Strumpfhosen an.

Die Maske ist ein Fake-Gesicht,
hast du was zu verbergen, dann zeigst du dich nicht.
Schon in der Antike gab's das zweite Gesicht.
Das war nur 'ne Maske. Du glaubst es wohl nicht?

Selbst bei Spaß und Spiel wurde sie verwandt,
mal witzig, mal spleenig und manchmal charmant.
Ein ganzer Saal erschien einst maskiert.
In Venedig war'n alle so ausstaffiert.

Mit Stiefel und Peitsche, wenn sie Freier schlug,
die Domina eine interessante Maske trug.
Der Maskenbildner macht Mode für den Augenblick,
verwandelt Gesichter mit viel Geschick.

Selbst Schador und Schleier verhüll'n das Gesicht.
Gegen militante Provokanten trägt die Polizei ein Visier
zum Schutz gegen Schläge und Hiebe.
Die schlichte Strumpfmaske dagegen tarnt längst Bankräu-
ber und Diebe.

Ich prophezeie, wir werden alles verwinden
und unsere Masken im Museum einst finden

Gisela Pelz

Der Corona-Held

Ein Mann schreit dort auf dem Podest,
ein Held ist er und voll Protest.
„Corona ist doch reiner Dreck,
nur Fake, die Maskenpflicht muss weg!

Bin ständig jetzt auf Engtanzparties
und lutsche auch gebrauchte Smarties.
Ne Maske ich noch nie dort sah,
nur Haut an Haut und trallala.

Maskenpflicht, die hab'n 'ne Meise,
ist doch nur für Tattergreise!
Freiheit möchte' ich überall
auch die Freiheit für viel Krawall."

So sprach der Held und dünkt' sich klug,
doch geht zum Brunnen nur der Krug.
Fürs Querdenken wollt' er werben,
doch erbärmlich war sein Sterben:

Das Virus hab'n wir oft geseh'n,
mit Rosen drauf, es ist so schön.
Ach, ich liebe Coronima
fast so wie meine Domina.

Ich freu' mich auf mein weißes Bett
trag' dann am Kopf ein großes Brett.
„Verweigerer der Maskenpflicht
war immer voller Zuversicht".

Das Bett war wohl recht intensiv,
denn Viren sind recht aggressiv.
Ums Bett vermummte Gestalten
kämpften gegen das Erkalten.

Der Querdenkerheld wimmert nur
am Mund schleimig die gelbe Spur.
Keuchen, Stöhnen und Geschurgel,
voll lädiert ist seine Gurgel.

Dazu der Held ist intubiert
dennoch das Virus galoppiert.
Rundum voll mit Schmerz und Weh,
Freiheit nur noch im großen Zeh.

Der Held, er starb beim Morgenrot;
die Sonne stieg, doch er war tot.
Auf seinem Grabstein konnt' man lesen:
„er ist Querdenkerheld gewesen".

Hans-Joachim Peters

Sodbrennen in der Nacht

Mit einem fürchterlichen Brennen im Hals und starkem Hustenreiz schreckt sie aus dem Schlaf.

Hatte sie gestern schon wieder das Falsche gegessen? Ganz bewusst ließ sie doch zum Nachmittagskaffee die Schokolade weg, um am Abend den Feldsalat mit leckerem Dressing essen zu können. Anstelle der Butter hatte sie auf ihr Brot nur Senf unter den Käse gestrichen. Eigentlich sollte die Nacht ob dieser Vorsichtsmaßnahmen ohne Störungen verlaufen, mal abgesehen von den üblichen Gängen zur Toilette. Warum also wieder diese grausame Attacke, von der sie immer häufiger heimgesucht wird? Während sie nach dem Maaloxan-Tütchen sucht, von dem sie sich schnelle Hilfe verspricht, fällt ihr der gestrige Fehler ein: es war das Glas Mineralwasser mit Kohlensäure, das sie noch kurz vor dem Schlafengehen getrunken hatte.

Sie fühlt sich schlecht, fängt an zu grübeln. Was ist nur aus ihrem Leben geworden?!

Morgens wartet sie auf den Pflegedienst, der ihr bei der Körperpflege hilft, denn nach der zweiten Hüft-OP im Alter von 62 Jahren fällt es ihr schwer, diese Notwendigkeit vollständig allein zu verrichten. Doch, sie schafft es noch, aber mit welcher Anstrengung, und nicht ohne Schmerzen!

Ja, und nach dem Waschen, da hat sie Zeit, den ganzen lieben Tag lang:

Zeit, die Zeitung zu lesen, zu der sie sich die zweite Tasse Kaffee des Tages aufbrüht, um sich ein gewisses Wohlbefinden zu verschaffen. Nach dem Blick ins Weltgeschehen ist auch das Sudoku ein willkommener Zeitvertreib.

Und dann?

Die grobe Hausarbeit verrichtet eine Haushaltshilfe und für ein schnell zubereitetes Mittagessen ist es noch zu früh. Den Abwasch erledigt der Geschirrspüler. Auch kann sie schließlich nicht jeden Tag einkaufen gehen, und wenn es draußen regnet, meidet sie den sonst täglichen Spaziergang.

Fernsehen bereits vor dem Nachmittag hat sie noch nie geliebt und die Bücher aus ihren Regalen hat sie alle schon mindestens zweimal gelesen. Auf der Terrasse kann sie nicht sitzen, denn es ist Winter. Na ja, an manchen Tagen sitzt sie im Wohnzimmer vor der Glastür und sieht den Spatzen auf dem Busch gegenüber zu, die hier zu bestimmten Tageszeiten ihren Treffpunkt haben. Um sich an den Vogelstimmen erfreuen zu können, steckt sie sich dann extra das Hörgerät ins Ohr, obwohl sie nur ein Gepiepse hört und keine gezwitscherte Melodie geboten bekommt. Doch allein die Lebendigkeit der kleinen Tierchen bereitet ihr Freude und ruft so manches Mal ein Lächeln in ihr Gesicht.

Überhaupt liebt sie Tiere! In früheren Jahren, als noch der Lebensgefährte und ihre gemeinsamen beiden Söhne mit ihr im eigenen Haus mit Garten lebten, gab es einige Haustiere: Hansi, den Wellensittich, der so gerne die Brotkrumen vom Frühstückstisch pickte und in einem unbeaufsichtigten Moment durch das gerade geöffnete Fenster in die Freiheit flog.

Gerda, die Schildkröte, lebte schon zuvor in der Mietwohnung bei ihnen. Kurz nach dem Umzug holten sie Lieschen, eine kleine unerzogene, aber allerliebste Mischlingshündin aus dem Tierheim dazu. Lieschen liebte den Garten, nicht aber den Gartenzaun. Den übersprang sie in unbeobachteten Momenten gern, um eigenständig Gassi zu gehen, wodurch so manche Suchaktion notwendig wurde. Aber der kleine Wirbelwind brachte so richtigen Schwung ins Haus, und das zehn schöne Jahre lang. Bald danach wurde Hasso ihr Nachfolger, damals drei Monate alt und aus einem Wurf mit weiteren fünf Welpen. Er war ein wunderschöner Mix aus Golden Retriever und Labrador. Nachdem der Lebensgefährte und die erwachsenen Kinder das Haus verlassen hatten, war Hasso zu ihrem tierischen Lebenspartner geworden und machte auch den Umzug nach Wolfenbüttel mit, wohin sie ihrem Sohn Andreas und dessen kleiner Familie nachzog. Doch ein halbes Jahr später musste sie ihren geliebten Hund von einem Moment zum anderen schweren Herzens gehen lassen.

Und von diesem Zeitpunkt an wurde ihr Leben ein ganz anderes. Es fehlten die täglichen Spaziergänge an der frischen Luft und die Kontakte zu anderen Hundebesitzern mit ihren ach so unterschiedlichen Vierbeinern. War sie früher mit Hasso oft im Wald oder zwischen den Feldern unterwegs, wo ihr beim Anblick der Natur und des fröhlich umherschnüffelnden und bällchenfangenden Hundes so wohl war, wo sie vor Freude auch mal ein Liedchen anstimmte, traut sie sich nun ohne ihre vierbeinige Begleitung nicht mehr hin.

Jetzt lebt sie in einer schönen und an ihre Bedürfnisse angepasste Zweizimmerwohnung, aber allein, schon seit fast vier Jahren. Beide Söhne, die Schwiegertöchter und die beiden Enkelkinder, der älteste Junge ist neun, der andere sechs

Jahre alt, sind sehr bemüht um sie, besuchen sie, laden sie ein, helfen wo sie können und möchten ihr die Wünsche von den Augen ablesen. Das Zusammensein mit ihnen genießt sie auch sehr, es herrscht eine wundervolle Harmonie zwischen ihnen. Und trotzdem ist in ihr eine stille, sie sehr betrübende Traurigkeit, die sie nach außen nicht zeigt. Für die Menschen in ihrer Umgebung ist sie, genau noch so wie früher, die aufgeschlossene, humorvolle und optimistische Frau, die zuhören und, wenn es angebracht erscheint, den einen oder anderen guten Rat erteilen kann.

Zu den Nachbarn pflegt sie einen freundlichen Umgang und wahrscheinlich ahnt wohl niemand, wie es in ihrem Herzen aussieht.

Jedoch, ein einziger Mensch weiß es wohl, das ist Ihr Sohn Andreas. Mit ihm verbindet sie ein ganz besonders enges, emotionales Band und vollständiges Vertrauen. Beide konnten sich bereits in schwierigen Lebenslagen gegenseitig stützen, trösten und wieder aufrichten, beide leiden, wenn es dem Anderen nicht gut geht. Das war schon immer so. Und während sie im Geiste ihren Sohn mit seinem liebevollen Lächeln vor sich sieht, spürt sie eine große Dankbarkeit, die ihre Traurigkeit ein wenig verdeckt.

Inzwischen hat das Maaloxan seine Wirkung getan. Sie geht noch einmal ins Bad, bevor sie wieder unter die Bettdecke schlüpft und hofft, schnell einschlafen zu können. Wenn sie am Morgen erwacht, beginnt ein neuer Tag mit „Pflege am Waschbecken."

Silva Weinrich

Herbst...

Der Herbst treibt mich aus dem Haus.
Stürmisch fährt er mir durch die Haare, durch die Jacke, bis ins Herz, das erfrischt aufjauchzt und mit kräftigen Schlägen den Ritt vorbereitet.

Blätter fliegen wie überdimensionale bunte Schneeflocken durch die Luft.
Sie fallen, wirbeln hoch, fliegen weiter, machen kurze Rast auf dem gelb und braun gewordenen Gras, bis der Wind wieder in sie hineinstürmt, dass sie auffahren, auseinanderstieben, hoch in die Luft steigen.
Und niemand weiß, wo sie endgültig zur Ruhe kommen.

Der kalte Wind, der die Jacke durchdringt, gibt mein Schritttempo vor.
Ich höre meine Schritte in raschem Rhythmus über Wiesen und Sandwege eilen.
Der Wind schiebt mich mit Kraft.
Ich habe das Gefühl, meine Arme wie Schwingen ausbreiten zu können, um abzuheben und mich mitten hinein in den kalten Herbst tragen zu lassen.

Die grauen Wolken über mir haben es eilig, viel zu eilig, um zu regnen.
In wilder Hast fliegen sie über den Himmel, übereinander, untereinander, zerreißen in große und kleine Fetzen, finden wieder zusammen und türmen sich zu einer riesigen dunkelgrauen Masse auf. Genau auf sie fliege ich zu.

Ich muss aufpassen, denn die kleinen Birken biegen sich im Sturm.
Sie schleudern ihre langen dünnen Äste hin und her, drohen umzufallen, zu brechen.
Der nahe Wald ächzt und stöhnt unter des Windes Kraft.
Bäume reiben sich aneinander, erzeugen quietschende, singende und ächzende Töne – ein Sturmkonzert.
Sie geben sich gegenseitig Halt.
Wie lange noch?

Meine Schuhe finden den Sand des Weges. Knirschend gräbt sich das Profil ein. Ich habe die Richtung gewechselt.
Von vorn greift mich jetzt der Sturm, will mich aufhalten, will mir den Weg verwehren.
Muss mich schräg dagegenlehnen.
Windtränen laufen mir über die Wangen, kalt erreichen sie die Lippen. Ich kämpfe mich vorwärts.
Kurz habe ich das Wort „Überlebenstraining" vor meinen Augen. Doch schon hat es der Sturm mitgenommen, weggeblasen, aufgelöst.

Das Wasser in der großen Pfütze kräuselt sich, malt wirre Wolken in sein Spiegelbild.
Hell leuchtet es auf, als ein zufälliger einzelner Sonnenstrahl darauf trifft. Bevor ich mich an ihm erfreuen kann, ist er schon wieder verschwunden, zugeweht und weggedrängt vom wilden Ritt der Wolken.

Der Weg ist nun zu einem schmalen Pfad geworden.
Das lange gelbe Gras peitscht gegen meine Hosenbeine und hinterlässt nasse Spuren.

Bei jedem Angriff des Herbststurmes klebt der Stoff nun kalt an der Haut.

Kraniche schreien gegen den Wind.
Eine große Zahl der beeindruckenden Vögel folgt ihrem Wanderinstinkt. Ihr Flugdelta trotzt Sturm und Wetter. Die Tiere ziehen ihren Weg.
Noch eine ganze Weile kann ich ihre Schreie hören.
Auch ich trotze den Wetterwidrigkeiten und kämpfe mich vorwärts auf meinem Weg.

Als ich endlich wieder zu Hause angekommen die Tür öffne, empfängt mich die Wohnung wie immer mit freundlicher Gelassenheit und lädt mich zum Ausruhen ein.

Edeltraud Strache

Novemberherz

Grau ruht der See im stillen Bett,
kein Fisch stupst eine Welle;
am Rand wogt leicht ein altes Brett,
aus Algen seine Pelle.

Verschwommene blasse Spuren
aus Winterlicht geboren;
vergessene Sonnenuhren,
in Schwermut fast verloren.

Im Schilf versteckt Gedankenlaub
aus schönen warmen Tagen:
zerfällt ganz leicht zu Winterstaub
und tausend neuen Fragen.

Der Winter winkt mit Eis und Schnee
und kaltem Wind aus Ost;
voll mit Hingabe liegt der See
erwartet freudig starken Frost.

Dann in des Wassers tiefstem Grund
rührt sich ein leises Quaken,
doch bald schließt sich der Quappenschlund,
träumt tief von fetten Schnaken.

Auch wenn die Kälte sich nun ballt,
starr am Ufer jeder Baum;
das Herz des Sees wird niemals kalt,
denn stets lebt es den Frühlingstraum.

Joachim Peters

Mitten im Winter

Eiskaltes Knirschen, weißes Land –
der Winter hat alles in seiner Hand.
Ein großes Schweigen. Dick zugedeckt
scheint alles gleich und gut versteckt.
Vom Wind verweht sind Steg und Pfad,
niemand Spuren hinterlassen hat.

Als erster Mensch, so darf ich nun
die allerersten Schritte tun
auf diesem unberührten Weiß.
Es fallen Flocken, fein und leis.
Und werden mehr und tanzen wild.
Es ist ein wunderbares Bild.

Wend' das Gesicht nun himmelwärts
mit offenem Mund und offenem Herz.
Schmecke den Schnee auf meiner Zunge,
tief atme ich Winter in die Lunge.
Vergesse die Zeit in der Wunderwelt,
als ob mich ein Zauber gefangen hält.

Konturen verschwinden Stück für Stück.
Alles wird eins. Ich schaue zurück.
Wind erhebt sich, spielt sein Spiel,
treibt nun den Schnee wohin er will.
Längst verschwunden ist meine Spur,
seh' um mich Weiß in Weißem nur.

Vom Winterzauber mich befreit,

wend' ich mich vorwärts; der Weg ist noch weit.
Eiseswind weht um mich herum,
hör' meinen Atem, alles andre ist stumm.
Gefrorene Flocken auf meinem Gesicht...
Endlich – noch fern – ein mattes Licht.

Das Licht, es zieht mich magisch an;
ich kämpfe mich vorwärts, so gut ich kann,
denn Dunkelheit liegt schon über dem Feld.
Schneetreiben..., Stille..., ein Hund kurz bellt.
Ganz allein im weißen Weiß –
die Tasse Tee, voll Duft und heiß
taucht als Trugbild vor mir auf
motiviert zu schnell'rem Lauf.

Schneebedeckt, mit müden Beinen
bin ich doch mit mir im Reinen.
Und bald seh' ich des Winters Treiben
im warmen Raum durch Fensterscheiben.

Edeltraud Lipski

Strafe muss sein

Der sonnige Frühsommertag neigt sich dem Ende zu.

Abgespannt, total verschwitzt und rechtschaffen müde, aber dennoch zufrieden steht Bio-Bauer Anton Schulte in seiner Waschküche und zieht sich die verdreckten Gummistiefel von den Füßen. Mit dem Schlauch spritzt er sie noch kurz ab, streift sich kurzerhand die derbe Arbeitskleidung vom Körper und befreit sich mit einem schäumenden Waschlappen und einer Bürste am großen metallenen Waschbecken von Schweiß und Schmutz seiner harten Arbeit.

In Gedanken ist er schon bei den anstehenden Aufgaben des nächsten Tages:

Das Heu muss gewendet werden, am Elektrozaun der Kuhweide hat er einen Defekt festgestellt und einige Pfähle müssen erneuert werden. Außerdem wird er die beiden neugeborenen Kälber und die Mutterkühe dem Tierarzt vorstellen.

Auf den Äckern am Dorfrand muss er die Reife von Weizen und Gerste überprüfen und die Korrespondenz mit der Polizeizentrale wegen der bevorstehenden Trecker-Demo muss auch schnellstens erledigt werden.

„Anton, mach mal hin, dein Bier wird warm und die Bratkartoffeln kalt", ruft ihm Lore von der Tür aus zu.

Da lässt Anton sich nicht lange bitten und sitzt gleich darauf vor seinem Teller mit einem dampfendem „Strammen Max" und den sauren Gürkchen dazu.

Neben dem Teller liegt ein ungeöffneter Brief. „Der ist bestimmt von Heinrich. Der hat nämlich eine Liste mit allen Demo-Teilnehmern erstellt und diese Liste will ich mit in den Brief an die Polizei legen. Soweit ich weiß, wird da eine ordentliche Menge Trecker zusammenkommen. Tja, das muss ja nun alles organisiert und polizeilich abgesichert werden." Umständlich öffnet er den Brief. „Lore, der ist von der Polizei wegen einer Anzeige. Ich soll mich auf der Wache melden! Ich habe doch nichts verbrochen, was soll denn das?"

Nachher im Bett grübelt er darüber nach, was es mit der Anzeige wohl auf sich hat. Aber schließlich übermannt ihn dann doch der Schlaf.

Die Nacht ist vorbei und Anton beginnt sein Tagwerk.

Wie an jedem Morgen treibt er seine kleine Herde Galloway-Rinder, für deren vorbildlich artgerechte Haltung er gerade erst von der Landwirtschaftskammer ausgezeichnet wurde, über die Dorfstraße in Richtung Weide. Die Kiste mit dem Werkzeug für die Ausbesserungen am Zaun hatte er schon vorsorglich im Unterstand der Tiere deponiert und sein Plan ist, bis zum Mittag diese Arbeit erledigt zu haben. Anschließend will er erfahren, was es mit der Vorladung bei der Polizei auf sich hat.

Gegen 13 Uhr betritt er die Wache.

Wachtmeister Kniebusch begrüßt ihn mit einem breiten Grinsen im Gesicht und den Worten: „Tach Anton, na, das ist ja mal ein dolles Ding. Weißt du denn, weshalb du hierherkommen musst, also, was du verbrochen hast?" „Nee, Kniebusch, das weiß ich beim besten Willen nicht. Ich bin doch kein Verbrecher, ne, ein Verbrecher bin ich keiner!" „Ein Verbrecher bist du tatsächlich nicht, Anton, aber ein Umweltsünder! Und das nicht nur einmal, sondern bereits seit dem Frühjahr immer wieder, Tag für Tag." „Nun mach aber mal halblang, Kniebusch. Was soll ich denn angestellt haben, und wer überhaupt hat mich denn angezeigt?"

Der Wachtmeister fasst sich ans Kinn und seine Miene wechselt von ‚gerade noch breitem Grinsen‘ zu ‚äußerst bedenklich‘. „Tja Anton, das ist nun mal so, dass du die Verfehlungen ausgerechnet auf öffentlichem Gebiet begangen hast, und genau das hat dir die Sammelklage aller Anlieger von der Straße ‚An der Kuhweide' eingebracht. Tut mir leid."

„Nun mach aber mal 'nen Punkt! Mensch, Kniebusch, wenn ich's dir doch sage: Ich bin beileibe kein Umweltsünder, das kann man mir wirklich nicht nachsagen!"

„Hm, vielleicht bist du wirklich keiner, aber trotzdem trägst du die Schuld und musst 100 Euro Strafe zahlen, da führt kein Weg dran vorbei!"

Wütend schlägt Anton mit der Faust auf den Bürotisch des Polizisten. „Das wird ja immer schöner! Nun tu nicht so geheimnisvoll und sag' endlich, was Sache ist!"

„Das will ich wohl machen, Anton. Also, dann sag' mir mal, was einige von deinen täglichen Aufgaben am Morgen sind."

„Ha, das sind eine ganze Menge. Bei einer davon kann mir sogar das ganze Dorf zusehen, nämlich dann, wenn ich meine Tiere auf die Weide treibe." „Aha, und welche Tiere sind das?" „Meine Kühe natürlich, das weiß doch jedes Kind." „Jaa…, und wie lange seid ihr dann unterwegs?" „20 Minuten etwa, du kennst doch die Strecke." „Schon, aber was passiert denn dann unterwegs?" „Wie? Ich verstehe nicht, was du meinst. Was soll denn unterwegs passieren? Gar nichts passiert; wir gehen vom Hof los und kommen an der Weide an."

„Och, dann denk doch mal scharf nach. Ihr geht doch ‚An der Kuhweide entlang, ihr benutzt also diese öffentliche Straße."

„Ja, ist denn das jetzt verboten?", wird Anton laut.

„Keineswegs Anton, aber leider verändert sich die Farbe des Asphalts auf dieser Straße zunehmend von grau nach schmutzig-grün und die Fahrbahn wird teilweise gefährlich rutschig. Weißt du, was ich meine? Diese großen grünen Flatschen, die immer wieder verloren gehen? Tja, und da ha-

ben wir's: Zwar bist tatsächlich nicht du der Umweltver-
schmutzer, aber für deine Rindviecher, für die bist du ganz
allein verantwortlich und deshalb bist du jetzt auch hier,"
meint der Wachtmeister, indem er Anton kameradschaftlich
auf die Schulter klopft.

Daraufhin holt Anton zunächst einmal ganz tief Luft und weiß
nun gar nicht, ob er noch ärgerlich sein müsste oder wie er
über seine sogenannte „Umweltsünde" denken soll, klopft
dann aber seinem Gegenüber ebenfalls auf die Schulter und
sagt verschmitzt zu ihm: „Ich habe verstanden. In Zukunft
werde ich wohl eine Schaufel und die Schubkarre auf meine
morgendliche Runde mitnehmen müssen."

Silva Weinrich

Winterzauber –
Nelkenduft

Die kleine Nelke, braun, mit zartem Köpfchen liegt auf dem Tisch neben anderen Gewürzen wie Zimt, Kardamom und Sternanis.
Es ist Winter und bitterkalt auf dem Wochenmarkt.
Die kleine Nelke sieht gespannt ihrer neuen Zukunft entgegen. Sie hat eine lange Seereise hinter sich, war einige Zeit in einem großen Lagerschuppen in einem Sack versteckt und wartet nun sehnsüchtig auf das, was da kommen wird.
Wo sie herkommt ist es heiß und die Sonne brennt unbarmherzig vom Himmel. Sie hat schon viel von dem Land gehört, in das sie gebracht wurde. Dort sollen sogar weiße Flocken vom Himmel fallen.
Die Menschen verschönern sich die kalte Welt mit viel Licht und allerlei köstlichen Gerichten für welche die kleine Nelke dringend gebraucht wird.
Manche spicken Orangen mit den Nelken, hängen diese an bunte Bänder und berauschen sich an ihrem Duft.
Einige Menschen würzen rotes Kraut mit der Nelke, was sie zu knusprigen Gänsebraten reichen, oder aromatisieren eine süße Apfelspeise mit Nelken.

Die kleine Nelke ist ganz aufgeregt und wartet gebannt darauf, dass jemand sie mit ihren Schwestern in eine Tüte füllt und nach Hause trägt und denkt so bei sich: „die Vorfreude ist doch die größte Freude."

Gisela Pelz

Weihnachtsbaum in Dunkelheit

Der dämmrige Tag wird wenig hell.
Das Tageslicht verschwindet schnell.
Schon bricht die Dunkelheit herein,
und übrig bleibt nur Lampenschein.

Dezembermonat braucht mehr Licht,
und jeder Schein kriegt mehr Gewicht.
Geschmückte Straßen in den Städten:
wie traurig, wenn wir die nicht hätten.

Doch draußen in dem Heideland
ist es nur dunkel, so ich's fand.
Vom fernen Hof ein Lichtschein fällt,
sonst ist es finster in der Welt.

Die Landstraße im fernen Tal
beleuchten Scheinwerfer einmal.
Hier weiter oben in dem Land
fällt gar kein Lichtschein auf den Sand.

Wo ich hier folg' der sand'gen Bahn,
find' kaum zurecht am Rande dann.
Heb' kurz den Blick und schau' nach vorn,
hätt' fast die Richtung hier verlor'n.

Da glimmt ein Lichtschein ziemlich schwach.
Ich bin jetzt plötzlich helle wach.
Jetzt bleib' ich steh'n und schärf' den Blick,
ist dieses Lichtlein nur ein Trick?

Es leuchtet wie ein Weihnachtsbaum.
Das ist ganz magisch anzuschauen.
Ein Lichterschein hier in der Heide,
wo sonst die Schafherde nur weide!

Es hält mich nicht, mehr muss ich sehen
und muss jetzt einfach weiter gehen.
Am Schafstall leuchtet da ein Baum.
Am hinter'n Ende von dem Raum.

Klar sieht man's, wenn man nähertritt,
es zieht mich an, ich muss da mit.
Am Zaun am Schafstall angeklemmt
leuchtet's vom Bäumchen ungehemmt.

Ich bleib' da stehen, wund're mich,
das alles scheint mir wunderlich.
Am Stall, bei Tieren in der Nacht
hat wer ein Weihnachtslicht gemacht.

Aus alten Liedern schön gesungen
scheint auch ein Lichtschein hier entsprungen.
Es rührt mich an, ich schau' versonnen,
ganz von Gedanken eingesponnen.

Tief löst sich was und taucht nach oben.
Betracht' ich es, so muss ich's loben.
So sehr natürlich, ohne Krach,
ganz ohne Weh und ohne Ach.

Erfasst bin ich vom Lichterband,

wie ich es nirgends bisher fand.
Das tut mir gut, denn es ist echt.
Ich fühl's genau, es ist mir recht.

Ich will's mir merken, nicht verlieren,
und kann es lange noch verspüren.
Als ich erst spät nach Hause gehe,
die Weihnachtsnacht mich sacht umwehe.

Gero Müller

Winterrosen

Schrecken hinter Körpermauern,
der Mensch der bleibt im Haus;
denn Rosentierchen lauern
draußen voller Saus und Braus.

Unbarmherzig Pandemie,
der Tod geht durch die Stadt,
sucht Querdenkeranarchie,
die macht den Virus satt.

Kälte bringt den Virusdreck
Kontakt ganz positiv,
Winterrosen als Gesteck,
tödlich und aggressiv.

Menschen machtlos ungewiss,
in Ganglien Einsamkeit,
manchmal auch ein tiefer Riss,
der Brüder fast entzweit.

Hoffnung aus der Pandemie,
am Tunnelende Licht?
Wo ist das Impfstoff-Genie,
das Leid und Schmerz zerbricht?

Denn dieser Hoffnungsschimmer
geprägt von Traurigkeit,
ja, dieser bleibt uns immer
und auch Verbundenheit.

Mensch braucht Mensch von Angesicht,
ein wenig Zärtlichkeit;
drum vergiss die Liebe nicht.
Sie bleibt in Ewigkeit.

Joachim Peters

Mien Coronawiehnachten
mid mien överkandidelte Dannenboom

Egentlich wull ik Wiehnachten eenfach moal wechfoahrn.
Dat ganse Gedööns moal vergeeten, nix inkoopen, nix eeten,
wat de Moag fünsch moakt un wat man blos een or twee Köm
torech kriggt, nee, ik wull in een loetje Hotel dor een Kurnkur,
swimmen, wat doer de Gegend loapen un avends jüs moal
so'n loetje Glas mid Rodwien.
Awer dat weer wull nix, dor keemen mi warafti disse dösigen
loetjen Dinger mid disse rosenroode Pöll um sik rüm. De seen
so een beten ut as weern se de dor Woaterminen ut de
Kriech, de de Schippe över Board smeten, dormit de anner
Schipp koppheister güngen. De harrn ok so'n poor Stickels
ründherum un wenn een Schipp gägen disse Stickels foahrt
güng dat Schipp in de Luff.
Villich hett een Fleddermuus ut China so een rottene Min an-
freeten un is denn muteert.
Na joa, wat schall man doröwer sinneeren. Disse Dinger sin
nu moal door. Dat is so: „Wenn de Buur in China sien Fled-
dermuus-Soap eeten deit, denn goan bi uns an Wiehnachten
de Lüchter ut". Dat heet Globalisierung.
Joa, nu muss ik to Huus bliewen.
Un dorüm heff ik mi dach, dat ik mi to Wiehnachten doch wat
gönnen schull. Ik harr een poor Joar keen Dannenboom hatt,
dorüm meent ik nu, dat ik mi een mächti grooten Dannen-
boom günnen schull. Nu wull ik joa to Huus bliewen un nich
öwerall rumkruupen, wo so' Barg Lüüd weern. Awer, so dach
ik mi, man kann joa allens in dat Internet bestellen. Dor
kriggst du allens, sogoar dat, wat anner Lüüd jüs nich weeten
moeten.

Op Google geev dat een Barg vun Anbotten vun Dannenbo-
eme, groote, loetje, fartige un blos Naturdann.

Nu wull ik joa wat Besunneres hem un dor funn ik warafti een
tämli groote Dannboom, fix un fartig smückt un uk mid een
Barg Egenheiten, wi dat dor stunn.

Ik heff noch gau de Hoegde in mien Woahnstuuv utmeaten.
Joa, 2,90 m dat keem henn. De Dannboom schiint mi tämli
duer, he kost 293,00 Euros, awer ik kennt mi nich mehr so
good mid de Priesen vun Dannboeme ut un se geeven mi tein
Joar Garantie för disse Boom mid Nordmanndannenlook wi
dor stunn.

Ik wuss, dat Nordmanndannen nich för een Appel un een Ei
to kriegen weern. Dor weer joa kloor, dat he wat duerer weer.
Twee Doag för Wiehnachten wulln se em leewern as Spedit-
schonswoor. Wat gediegen weer, dat se blos bit na de Foot-
wechkant lewern wullen, nich bit na de Huusdör.

Na joa, twee Doag för Wiehnachten stunn so tämli groote
Lastwoagen för mien Huusdöör un twee Lüüd stellten een
poor Pappkisten för mien Huusdör henn. Denn geeven se mi
noch so een loetje Paket, dor weer den Fernbedeenung bin,
wi se seegten. Dat eene Paket weer mächti lang un as ik dor
rinluurt, weer dor de Dannenboom bin.

Minsch, dach ik de is doch veel to lang, passt doch nich in
mien Wohnstuuv.

Joa, dat weer dat erste Malöör. Ik heff denn noch moal kee-
ken, wat ik bestellt harr un warafti, dat weer een Boom, de
3,90m lang weer. Dor harr ik mi glatt um een Meter verdaan.

Ik paackt de Boom ersmoal ut un keek of ik dor wat affsoagen
kunn. Nee, dat güng gornich, deen de ganze Boom weer ut
Plastik. Dor dreep mi meis de Slaag, dor harr ik doch warafti
een Kunstboom köfft.

De Boom weer fix un fartig smückt, harr een Barg LED-Lich-
ters ründherum un harr uk een gollen Stirn boaben in de
Topp.

Schull ik dat Ganse nu wedder inpacken un torüch schicken?
Erst dat ganse Hüüden un Bedüüden mid de Spedischon un
denn blos noch twee Doag bit Wiehnachten!

So heff ik de Boom behoalen un op mien Terrass opstellt
Erst muss ik noch allens utpacken un tosoamenschruwen. De
Foot weer een tämli groote Tünn mid een faste Stülpdeckel
dor öwer. Dor kunn ik de Boom rin schruwen un na de Opstell-
beschrieving schull ik denn Woater in de Tünn infüllen.

Woater för de dor Kunstdannen, dat wull mi nich so rech in
de Kopp, awer as ik allens so wied fartig harr, dat de Boom
platt as 'n Butt an de Huusmuur lehnt het un ik op de Knoop
„Opklinken" ditscht heff, dor full de Boom meis to de anner
Sied rin in de Struuken. He haar sik nämli opfolded weer dorbi
meis umfulln. Ik heff denn de Tünn bid boaben full Woater
moakt un denn stunn he fast wie een Brummpahl.

Nu weer de Boom akkerat oppbuut, ik harr de Boom an de
Stromansluss op mien Terrass ansloaten un nu kunn ik moal
de Fernbedeenung utprobeern. Dor weer een Knoop mid de
Beteknungen „Wind light", „Storm" un „Tsunami". Dor woor ik
tämli nieschierig wat dor wull keem. Bi „Wind light" dreiht sik
de Boom rech sinnig. He weer richti smock, wie he sik dor
mid all de Lüchters üm un üm dreih hett.

De Knoop „Storm" geev em Swung un he dreiht sik so gau,
dat ik de Lichters gornich mehr eenzeln seen kunn un de
Twiege vun de Boom güngen so wat hen un her wi bi een
richtige Storm op Pellworm. Mid „Tsunami" wull ik noch tö-
wen. Ers an Hilligenavend wull ik de Dannboom denn moal
so richti loapen laten.

Mid de Knoop „Farv" kunn man de Lüchters farvig moaken. De blinkten un blixten in mächti veel Farven, dor kunn man gornich henkieken.

De Knoop mid de Notenslööttel bröcht de Musik in Gang. Dat fung an mid „Oh, Dannenboom" öwer „Vum hoogen Heben koam ik runner" un „Dor is een Roos opbleuht" bit „Stille Nacht, hillige Nacht". Dor weer een tämli starke Luutspreker in de Mast inbuut. Dat ballert gans mächti luud in de Gegend ruut. Joa, so harr ik twee Doag för Wiehnachten al richtig Spoos mid mien Dannenboom.

Hilligenavend heff ik af Klock dree de Dannenboom ansmeten un af un an een Leed speelt. An disse Dach weer Regen de so wat rum smuddelt. Awer dat weer drollig, ween de Woaterdrüppen vergnöögt vun een Twieg ut Nordmannendannenlook na de anner hüppten. Loater heff ik denn de Dannenboom wat luuder stellt un de Boom bölkt na mien Naober röwer „Kinners koamt tosoamen".

As ik mien Aantenbost mid Rootkohl un droege Plumm eeten harr dach ik, dat man de Boom uk een beten gauer loapen loaten kunn. Ik ditscht op de „Tsunami" un de Boom dreiht sik so gau, dat du em meis nich mehr seen kunnst. Ik moakt de Musik bit to de Anslag un de Farv an. Dat weer een Spoos, de Boom leeg meis op mien Terrass, dreiht sik wi mall un bölkt luut dör de Gegend.

As ik gau moal rin to mien Heerd leep, de Kirschsoap för mien Noadisch weer meis an't överkooken, geev dat op eenmoal een gresige Ballerslag un ründherum weer allens düster. Ik grabbelt denn an mien Sekerungskist herum un kreeg uk de Hauptsekerung to foaten. Ik drückt se in un dat woor wedder Licht. Awer denn „Klack!" un denn weer dat wedder düster. Dat weer wull so wat wie een Kortsluss. Mid een Tallicht bün ik deen hen na mien Terrass goan un heff de Stromansluss för buuten utmoakt. Denn güng de Strom wedder, un ik wull mi de Dannenboom ankieken.

Ik kiek ruut un de Dannenboom weer wech!

Dor stunn blos noch de Tünn full Woater un uk da Kavel vun de Strom weer avreeten. Mid mien dullste Taschenlamp heff ik denn in de Gegend rumlüchtet un kunn nix seen. Awer den güng bi mien Noaber op eenmoal dat Buutenlicht an un warafti op sien Terrass leeg mien Dannenboom. De Boom weer glatt dördig Meter dör de Luft floagen!

Nu weer dat awer so, dat mien Noaber op sien Terrass so een groote Stell ut Holt un LED-Lüchters opbuut harr. Dor seet de Wiehnachtmann in sien groote Sleed mit een Barg Sack un Pack un vör de Sleed weern een poor Hirschdierten spannt.

Dat Malöör weer, dat mien Dannenboom direktemang op de Wiehnachtsmann floagen weer. De Wiehnachtsmann harr keen Kopp mehr un de Sleed weer tosoamenbroken.

De Noaber stunn op sien Terass un weer tämli fünsch.

Ik bün denn na de Tuun goan un heff em seggt, dat dat mien Dannenboom weer. „Wi koen dor morgen öwer snacken" segg ik.

„Worüm hess du em denn öwer den Tuun smeten?"; froagt he noch. Ik winkt em noch un reep „Dat weer ik nich, dat weer een Tsunami"!

Un denn bün ik wedder in mien Stuuv goan un heff de Terrassdör achter mi mid een Rumms tomoakt.

Mien Gott, ik smiet doch keene Dannenbööme dör de Gegend. So'n Doesbattel!

Na joa, ik heff ersmoal mien Noadisch eeten un dorbi een poor Wiehnachtsleeder in'n Roadio anhoert. Noa de drütte Teepuns keem ik wedder wat to mi un meent denn doch, dat

dat een recht kommodige Hilligenavend weer uk ohne en Dannenboom.

Wat ut mien Dannenboom wurn is, vertell ik moal loater.
Letzten Enns weer joa Wiehnachten, dat Fest full mid Freden.

Joachim Peters

Zum Jahreswechsel

Ich hör' viel Gejammer über dies Jahr;
wie schlimm und schrecklich es doch war.
Und: „Gottseidank es ist nun vorbei!"
Als ob das Jahr daran schuldig sei,
am Klima- und am Umweltdesaster,
auch an jedem persönlichen Laster,
an dieser Gier nach politischer Macht,
die Streit und Verderben mit sich gebracht,
an Kriegen, Terror und dem Fluchtproblem,
an untätigem Wegschau'n, das ist so bequem.
Noch mehr habe das Jahr uns angetan:
wir haben seit März noch die Masken an.

Doch halten wir inne: war's wirklich das Jahr,
welches an allem so schuldig war?
Vielleicht sollten wir uns nachdenklich fragen:
was haben wir selbst dazu beigetragen?
Mit Lebensart, konsumbestimmt,
die Flora und Fauna den Lebensraum nimmt?
Und mit dem kindhaften Begehren,
sich gegen Verzicht und Gewissen zu wehren?
Auch wäre es gut, wenn man bedenkt:
wurden wir denn nicht auch beschenkt?
Im großen Ganzen und im Kleinen,
mit herzlichem Lachen und glücklichem Weinen?

Mit neuem Lernen und Fantasie
Probleme lösen, so schnell wie nie?
Freundschaft spüren, Liebe geben,

zeitweise mal ganz einfach leben?
Sich und anderen Zeit zu schenken,
die Schritte in den Wald zu lenken
für Kraft und neuen Lebensmut?
Mal ganz im Ernst: war das nicht gut?
Und nun erst ist's Zeit, dass wir beginnen,
den Plan für's neue Jahr zu ersinnen.

Edeltraud Lipski

Die Arme der Nacht

Ich sitze auf meiner Terrasse und lausche
dem Wispern des herannahenden Tages.
Die Kühle der Nacht verharrt ahnungsvoll
vor der Wärme des Lichts.
In meinen Ganglien nichts als Trägheit, aus der
Unvollkommenheit geboren. Sie warten bis
der kommende Tag sie mit Gedanken füllt.
Und meine Synapsen versuchen aus der
Taubheit der Nacht zu entrinnen und
meinen Vorbehalten und Ängsten endlich
wieder Raum und Form zu geben.
Und schon beginnt der Kampf gegen
die Arme der Nacht.
Es ist der Tanz des Überlebens,
der Kampf der Schatten gegen den neuen Tag.
Und der Kampf des Schlafes und der Träume
gegen harte, grausame, sinngeleerte Gegebenheiten.
Ich spüre den Kampf in mir und ich will zurück
in die Arme der Mutter der Nacht,
als würde dies eine Rückkehr
nach Hause sein. Meine Träume sind das
Bollwerk gegen die Dämonen des Tages,
die zwar nur Gedankenranken sind,
aber aus einer viel schrecklicheren Welt.
Doch stetig füllen sich meine Ganglien,
schließen ihre Schaltkreise zur
Einheit meiner Zerrissenheit, zur Zerstörung
der Restwerte des Morgens und
vielleicht der Werte des Abends.

Die glühenden Nadeln beginnen langsam
ihr Spiel, ihren stampfenden
Tanz auf dem bodenlosen Abgrund
der Fragen.
Langsam graut der Morgen, das Morgengrauen
in meinem Kopf.
Doch kein lichter hellgrauer Nebel hebt sich,
sondern das Grauen
des Tages beginnt Gestalt zu gewinnen.
Und plötzlich dann
der leichte helle Schimmer
hinter dunklen Wolkenbändern.
Eine Lichtkaskade erwächst aus der Zwischenzeit.
Wie blitzende Schwerter der Zuversicht
huschen rote Strahlen zwischen Wolkenformationen.
Und dann
bricht das Licht plötzlich in die Nacht.
Es schiebt die Arme der Mutter
Beiseite und es erstrahlt die
Macht des Tages.
Kein Schemen im Schatten der
Dunkelheit bleibt zurück.
Die Dämonen fliehen dem Licht, die Wahrheiten
schmelzen in der Wärme dahin,
das Handeln der Menschen, soweit
es spürbar ist, wird ausgeklammert und
das Morgengrauen weicht
dem Licht und der Wärme.
Ich lehne mich zurück, schließe die Augen
und kehre einen Moment
nach Hause zurück.
Doch ja, vielleicht

wird dieser Tag doch
ein Zuversichtstag.
Ich mache mir einen schönen großen Becher
Kaffee mit viel Milch.
Dann trinke ich gemächlich meinen Kaffee und
beschließe, heute mal nicht
über Viren, die unvernünftigen Menschen
und ihre unverständliche
chaotische Welt zu
grübeln.
Ich werde vielmehr nur ein Gedicht
schreiben,
voller Schönheit und
Anmut.
Ja, es wird ein guter Tag.
Ich schlafe noch zwei Stunden.
Dann zaubert die Liebe
der Sonne und des hellen Tages ein Lächeln
in mein entspanntes Gesicht.
Ich spüre es endlich wieder:
Carpe Diem!

Joachim Peters

Corona-Pandemie

Nachdem er aufgestanden war schlurfte er, noch schlafblind und gähnend, ins Bad, um sein Morgenritual abzuspulen. Zuerst schaute er in den Spiegel.

Bis vor Kurzem noch hatte er sich dabei freundlich zugelächelt und sich einen guten und erfolgreichen Tag gewünscht, einen zweiten Blick nach der Rasur gewagt und festgestellt, dass er – schon lange im Rentenalter – noch immer ein ganz ansehnlicher Typ war: groß, mit geradem Rücken und breiten Schultern, mit einem freundlichen offenen Gesicht, einem manchmal ganz verschmitzten Lächeln und Augen, aus denen der Schalk noch immer nur so blitzte.

Er genoss das gemeinsame Leben mit seiner Frau. Sie und er kannten sich schon seit ihrer Schulzeit und waren bis heute unzertrennlich. Ein Leben ohne den anderen konnten sie sich nicht vorstellen. Er liebte sie von ganzem Herzen und wusste, dass sie gleichermaßen für ihn empfand. Manchmal schrieb er ein Gedicht für sie, ein Liebesgedicht, ehrlich und tief empfunden, mit zarten, anrührenden Worten. Er würde wohl alles für sie tun, im Großen und im Kleinen. Selbst beim Zähneputzen hatte er sich angewöhnt, ins Waschbecken und nicht in den Spiegel zu schauen – wegen der Zahnpastaspritzer.

Vom Badezimmer aus ging er leise zurück ins Schlafzimmer, um seine Frau mit einem Morgenkuss zu wecken. Aus Zuneigung zu ihm und um ihn nicht zu enttäuschen, stellte sie sich manchmal schlafend. Nach seinem Kuss schaute sie ihn dann liebevoll an, um ihn erstaunt zu fragen, ob denn schon wieder Morgen sei und sie einen neuen Tag miteinander erleben durften. Er wusste das durchaus. Aber beide spielten das Spiel weiter, denn sie spielten es gerne, auch wenn es ihnen in letzter Zeit, wie so Vieles, etwas schwerer fiel.

Nachdem er die Kaffeemaschine in Gang gesetzt und den Tisch für zwei gedeckt hatte, führte ihn sein nächster Gang vor die Haustür, erwartungsvoll, denn alle paar Tage stand eine Tüte mit 4 Brötchen auf der Bank neben der Haustür, manchmal auch unter der Bank.

Heute war das nicht der Fall. Nun gut.

Er würde später noch einmal nachsehen, am Nachmittag, so um 17:00 Uhr. Dann würde er eine größere Papiertasche vorfinden mit Gemüse, Eiern, Käse und Brot darin, vielleicht auch Wurst oder ein paar Süßigkeiten.

Sie nahmen jedes Mal, was sie vorfanden und kochten etwas daraus. Es war dann nicht immer das, was sie sich sonst als Abendmahlzeit zubereitet hatten, aber es ging schon irgendwie. Not macht ja bekanntlich erfinderisch.

Früher waren sie zweimal pro Woche mit dem Auto in die Stadt gefahren, um ihren Einkaufszettel abzuarbeiten. Das ging jetzt nicht mehr so ohne Weiteres.

Es war Corona-Pandemie und Lockdown und die Angst um die eigene Gesundheit und die der Familie war bei vielen Menschen Dauergast. Das konnte man dann in den Augen sehen, die knapp über dem Rand der Coronamasken lauernd Ausschau nach potentiellen Virenträgern hielten. Augen, die schnell wegschauten, fremd und unnahbar wurden, um Bekannte nicht erkennen zu müssen; um nicht über Dinge wie den durch Hamsterkäufe verursachten Mangel an Toilettenpapier, Öl oder Nudeln lamentieren zu müssen. Oder, was noch schlimmer war, feststellen zu müssen, dass sich bei manchen Bekannten und auch Freunden die Werte verschoben hatten. Die hatten auf einmal recht seltsame Erklärungen für die derzeitige Situation und wussten ganz genau über die Verursacher Bescheid.

Aber es gab auch die anderen Augen: die unschuldig-fragenden kleiner Kinder oder die suchenden, die Kontakt mit anderen Augen aufnehmen wollten, die einen aufmunternden zuversichtlichen Blick oder ein empathisches Lächeln verschenken wollten. In dieser Zeit lernten viele Leute, dass man mit den Augen lächeln kann, dass Blicke sich berühren und den Mangel an körperlicher Nähe etwas mildern konnen.

Unter den Menschen gab es die Ankläger, die nach Schuldigen suchten, die sich in der Ungewissheit verloren fühlten, haltlos wurden und sich verzweifelt an jeden Strohhalm klammerten, um ihre eigene innere Ordnung nicht zu verlieren. Andere hingegen entdeckten ihr soziales Engagement und setzten sich ein. Wieder andere hatten dies aus beruflichen Gründen zu tun, gingen bis an ihre körperlichen und emotionalen Grenzen und darüber hinaus.

Und nachts applaudierten die Isolierten von ihren Balkonen.

Viele Familien, vor allem solche mit Kindern, die aufgrund der Pandemie zu Hause bleiben und dort betreut werden mussten, hatten große Probleme, mit der Situation klarzukommen. Das ungewohnt enge Beieinandersein hatte nicht nur positive Auswirkungen. Es kriselte allenthalben in den Keimzellen des Staates und nicht selten kam es zu Streit und Gewalt.

Doch davon bekamen er und seine Frau kaum etwas mit.

Sie waren schon immer glücklich gewesen, auf dem Land zu wohnen, weitab vom ständigen Trubel der Stadt, von Unruhe und Hast und nicht endender Geschäftigkeit. Und wenn sie irgendetwas brauchten, so stand das Auto bereit. Einmal in die Stadt zum Supermarkt und zum Bäcker und dann wieder zurück. Viel brauchten sie nicht, weder zum Leben, noch zum Glücklichsein.

Aber nun war doch alles anders.

Dieses Virus war hochgefährlich. Sie hatten sich informiert. Es sprang von einem Menschen zum andern. Sich zu schützen war kaum möglich. Viele und immer mehr Menschen starben daran. Das hörte man jeden Tag im Radio. Und besonders groß war die Gefahr für Menschen, die sowieso nicht ganz gesund waren.

Er hatte schon seit langer Zeit Herz- und Lungenprobleme. Beide Organe wollten nicht mehr so wie in jungen Jahren. Damals hatte er, wie alle seine Freunde, viel geraucht und ein Leben geführt, bei dem man als letztes auf seine Gesundheit achtete. Das war verpönt gewesen. Man wollte schließlich keine Memme und keine Spaßbremse sein.

Das mit dem Herzen war etwas anderes. Er hatte wahrscheinlich schon von Geburt an einen Herzfehler, ohne es zu wissen. Und erst in den letzten Jahren, wo dieser unglaubliche Muskel schon so viel gearbeitet hatte und altersgemäß etwas müder geworden war, machte ihm der Herzfehler zusätzlich zu schaffen. Da konnte und wollte er sich nicht auch noch dem Virus aussetzen. „Bis der ganze Spuk vorbei ist, bleibe ich zu Hause", hatte er sich vorgenommen. Sein Hausarzt und ganz besonders seine Frau hatten ihm dies auch geraten. Und aus liebevoller Solidarität hatte auch sie sich diese Bürde auferlegt. Na ja, nicht ganz aus purer Liebe und Solidarität, denn schließlich war sie ja auch schon einiges über die Siebzig.

Doch ausgerechnet sie, die immer die Gesundheit an sich verkörpert hatte, ausgerechnet sie schnappte das Virus auf und wurde – vielleicht das erste Mal in ihrem Leben – richtig

krank; so krank, dass er schon fürchtete, allein zurückzublei-
ben, allein durch diese schwierige Zeit gehen zu müssen und
auch hinterher, wenn es ein Hinterher geben würde, allein zu
sein. Er war dem Himmel und den Ärzten so dankbar, dass
seine Frau ihm, wenn auch sehr geschwächt, erhalten blieb.
Nun sorgten sie sich beide umeinander und zogen sich noch
mehr zurück.

Ihre Tochter bot sich an, sie mit Lebensmitteln zu versorgen
und auch sonst alle wichtigen Einkäufe zu übernehmen.
Manchmal schaffte sie es noch vor ihrer Tagesschicht als
Krankenschwester. Dann fand er die Tüte Brötchen auf der
Bank neben der Haustür; manchmal lagen auch ein Stück
Käse oder Butter dabei. An diesen Tagen brauchte er am
Nachmittag nicht mehr nach einer größeren Einkaufstasche
zu schauen. Wenn die Tochter im Spätdienst eingesetzt war,
fehlten zwar die Frühstücksbrötchen, aber zuverlässig fand
er dann am Nachmittag die anderen Einkäufe vor.

Seine Tochter bekam er dabei nicht zu Gesicht. „Anste-
ckungsgefahr!" Sie arbeitete im Krankenhaus und hatte tag-
täglich mit kranken Menschen und derzeit mit einer immer
schneller wachsenden Zahl an Patienten mit schweren und
schwersten Symptomen dieser neuen Erkrankung zu tun.

Das Virus war ja nicht nur gefährlich, sondern in seiner Art
und Auswirkung so neu, dass es weder Medikamente, noch
eine Impfung dagegen gab. In den Laboren wurde mit Hoch-
druck geforscht; man kam zu neuen Einsichten und Erkennt-
nissen. Neue Maßnahmen gegen die Ansteckungsgefahr
wurden entwickelt und den Menschen empfohlen oder gar
verordnet. Aber wirklich sicher vor einer Erkrankung war nie-
mand. In den Krankenhäusern wurden Schutzanzüge und
Masken knapp. Es konnte einfach nicht so viel davon produ-
ziert werden, wie gebraucht wurde! Manchmal mussten die

Masken über viele Stunden und die Schutzanzüge über mehrere Tage benutzt werden. Dadurch wuchs die Ansteckungsgefahr noch mehr und viele Pflegekräfte erkrankten. Die Gesunden übernahmen nun auch noch die Arbeit der Fehlenden und gefährdeten sich damit immer mehr. Es war ein Teufelskreis.

Er und seine Frau dachten oft und mit großer Sorge an ihre Tochter, die ihren Beruf zwar mit Liebe und Leidenschaft ausführte, aber doch nicht dauerhaft über ihre eigenen körperlichen und seelischen Grenzen gehen konnte. Auch wegen der kleinen Marie, mit der sie als Alleinerziehende – der Vater der Kleinen war vor zwei Jahren bei einem Unfall ums Leben gekommen – in einer kleinen Wohnung in der Stadt lebte.

Die Eltern auf dem Land in dieser schwierigen Situation mit Nahrungsmitteln und allem, was sonst noch wichtig war, zu versorgen, war nun noch eine zusätzliche Aufgabe. Manchmal versuchte er, sie anzurufen, um sich dafür zu entschuldigen. Aber er bekam sie selten ans Telefon. Wenn Marie mit ihm telefonierte und er sie nach ihrer Mama fragte, hörte er meist: „Mama ist noch bei der Arbeit" oder „Mama ist auf dem Sofa eingeschlafen". Das machte die Sorgen nicht wirklich kleiner.

An diesem Tag fand er auch am Nachmittag weder eine Brötchentüte, noch eine größere Einkaufstasche vor, nicht auf der Bank neben der Haustür und auch nicht darunter.

Das war bis jetzt noch nie vorgekommen.

Voll innerer Unruhe berichtete er seiner Frau davon. Nachdenklich schaute sie ihn an. „Ich fürchte, sie hat sich angesteckt", sagte sie und hätte die Worte am liebsten sofort zurückgenommen und gegen eine harmlose Vermutung wie

„vielleicht hat sie es vergessen" oder „wahrscheinlich kommt sie gleich noch" ausgetauscht.

Aber es war zu spät.

Beide waren über das Gesagte erschrocken und entsetzt. Das war es ja, was sie insgeheim schon lange befürchtet hatten! Wenn ihre Tochter ausfiel, was sollte dann werden? Aus ihnen? Aus Marie?

Angst kroch durch den Körper und legte sich um sein Herz. Sie sah es an seinen Augen, hörte seinen Atem schneller werden. Und gegen ihre eigene Angst sagte sie zu ihm: „Das muss ja nicht stimmen. Wahrscheinlich gibt es eine ganz einfache Erklärung. Vielleicht musste sie bei der Arbeit wieder einmal für jemanden einspringen. Wir schauen später noch einmal nach und telefonieren heute Abend." Das sollte beruhigend wirken, seine Angst etwas lockern, ihn wieder normal atmen lassen. Doch in ihrem Innern rief eine laute Stimme: „Und wenn doch? – Wenn doch?"

Sie versuchten sich abzulenken, sprachen von banalen Alltäglichkeiten oder von der Zeit vor der Pandemie, von ihrer gemeinsamen Schulzeit und von den vielen guten Jahren, die sie miteinander verbracht hatten.

Sie schalteten den Fernseher ein, aber auch schnell wieder aus, weil es auf allen verfügbaren Sendern nur das eine Thema gab. Von draußen drang kein Geräusch zu ihnen, das sie beruhigt hätte; kein Automotor, kein Knirschen von Fahrradreifen auf dem Sandweg, so sehr sie auch die Ohren spitzten und sich die Geräusche herbeiwünschten.

Immer wieder hatte er das Bedürfnis nach frischer Luft und ging vor die Tür, schaute auf die Bank, unter die Bank, ging die paar Schritte auf dem Sandweg bis zur Straße und suchte diese ab, so weit er sehen konnte. Aber da war nichts. Nichts zu sehen und nichts zu hören. Der Briefträger hätte auch schon längst vorbeikommen müssen, wenn er Post für sie gehabt hätte. Aber der Briefkasten war leer. Da lag auch keine schnell auf einem Stück Papier hingekritzelte Nachricht: „kann erst morgen einkaufen" oder so.

Es schien ihm fast so, als wären er und seine Frau an diesem Tag die einzigen Lebewesen weit und breit. Selbst die Vögel waren weder zu sehen, noch zu hören.

Das alles war sehr beängstigend.

Inzwischen kroch die Dämmerung heran und es wurde kalt. Fröstelnd ging er wieder hinein zu seiner Frau. Die hatte den Telefonhörer in der Hand – nicht am Ohr – und ihr Blick verriet nichts Beruhigendes. „Es geht niemand ans Telefon", sagte sie mit belegter Stimme, „auch Marie nicht."

Das hörte sich gar nicht gut an. Er spürte aufs Neue die Enge um sein Herz. „Marie?", fragte er. „Wo ist Marie?" Sie dachten beide an die Nachbarin, in deren Familie sich die Kleine oft aufhielt, wenn ihre Mutter nicht da war. Das war so abgesprochen und auch ganz gut. Das Kind fühlte sich dort wohl und gut aufgehoben.

Aber auch bei der Nachbarin ging keiner ans Telefon.

Die Angst kroch höher. Irgendetwas mussten sie tun. Aber was?

Seitdem sie beschlossen hatten, bis zum Ende der Pandemie zu Hause zu bleiben, hatten sie sich auch immer weniger mit anderen Menschen beschäftigt. Treffen konnte man sich ja nicht mehr ohne Ansteckungsgefahr, auch keinen Besuch mehr empfangen.

So war ihr Leben still geworden. Und auch das Telefon wurde immer weniger benutzt. Selbst ihre Lust am Handarbeiten und seine am Gedichteschreiben waren nicht mehr so wie früher. Sie traf sich nicht mehr mit ihren Strick- und Stick-

freundinnen und er hatte sich beim Autorentreffen abgemel-
det. Wie auf einer einsamen Insel lebten sie. Der einzige Kon-
takt zur Außenwelt lief über Fernsehen und Radio und über
ihre Tochter, die sie mit Lebensmitteln versorgte.

Und jetzt, wo sie vielleicht Hilfe und Zuspruch von anderen
Menschen notwendig hatten, spürten sie schmerzlich, wie
sehr sie sich isoliert hatten.

So verdammt allein fühlten sie sich auf einmal!

Sie nahmen sich in die Arme, um sich gegenseitig zu trösten
und zu beruhigen. So viele schwierige Situationen in ihrem
langen gemeinsamen Leben hatten sie miteinander über-
standen und gemeistert, nie den Kopf in den Sand gesteckt.
Aber mit einer Situation wie dieser hatten sie keinerlei Erfah-
rung. Einen Moment lang schauten sie sich hilflos an.

„Ich ruf jetzt mal im Krankenhaus auf ihrer Station an", sagte
seine Frau und griff entschlossen nach dem Telefonhörer.

„Das ist gut", meinte er. „Das ist gut."

Sein Herz bebte, als er hörte, wie das Telefon am anderen
Ende der Leitung klingelte. Es klingelte und klingelte, aber
niemand meldete sich. „Da kann keiner ans Telefon gehen.
Die haben alle viel zu viel zu tun", sagte sie in seine aufkom-
mende Verzweiflung hinein. „Wir probieren das gleich noch-
mal und immer wieder, so lange, bis jemand rangeht."

Er stand am Fenster und schaute in die Dunkelheit, ohne et-
was wahrzunehmen. Seine Gedanken kreisten unablässig
um die Tochter, die kleine Enkelin und um ihre eigene Isola-
tion und Abhängigkeit. Unterschiedlichste Gefühle überfielen
ihn. Angst mischte sich mit Wut, Verzweiflung und Hilflosig-
keit. Er kam sich vor, als befände er sich in einem viel zu en-
gen Käfig, aus dem zu entrinnen ihm unmöglich erschien.

Der große kräftige Mann mit dem geraden Rücken stand ohnmächtig da und ließ zu, dass ihm die Tränen über die Wangen liefen. Seine Frau saß noch mit dem Telefonhörer in der Hand auf dem Sofa und betrachtete die Silhouette ihres Mannes. Sie kannte ihn lange und gut genug, um zu wissen, was er in seiner so erstaunlich sensiblen Art gerade durchmachte und dass er alles tat, um sie nicht in sein Gefühlschaos mithineinzuziehen. Wenn sie jetzt zu ihm ginge, um ihn in die Arme zu nehmen, würden alle seine Dämme brechen. Er würde weinen wie ein kleines Kind und sich auch wie ein solches fühlen, der große starke Mann. Das Bedürfnis, ihm das zu ersparen, gab ihr die Kraft, aufzustehen und ihm mitzuteilen, dass sie sich jetzt um die Zubereitung des Abendessens kümmern würde. Er nickte nur und blieb im Gegensatz zu sonst, stehen, wo er war.

Dieses verdammte Virus! Schlimm genug, dass es schon so vielen Menschen Sorgen und Leid gebracht hatte – würde es nun auch in die eigene kleine Familie eingreifen? Ihn überkam plötzlich das Gefühl, dass ab jetzt nichts mehr wieder so werden würde, wie es früher war.

Wie aus weiter Ferne vernahm er irgendwann die Stimme seiner Frau, die ihn zum Essen rief.

Beide saßen eine Zeitlang stumm vor ihren Tellern und stocherten lustlos im Essen herum. Sie hatte aus den Resten unterschiedlicher Gemüse einen bunten Eintopf gemacht, sonst ein sehr willkommenes Gericht. Aber heute verspürten sie keinen Appetit. So viele Gedanken kreisten im Kopf! Was war mit ihrer Tochter? Wo war Marie? Er schob den halbvollen Teller von sich und legte den Löffel daneben.

Seine Frau tat es ihm nach. Ihrer beider Hände berührten sich auf dem Tisch. Minutenlang hielten sie sich gegenseitig fest, tauschten wortlos aus, was sie so stark bewegte, versuchten, sich gegenseitig Halt zu geben. Das hatte sie in allen zurückliegenden Krisen immer wieder stark gemacht. In einer solchen Gemeinsamkeit konnte ihnen doch nichts und niemand etwas anhaben! Auch nicht das Virus?

Sie erschraken beide sehr, als das Telefon schrillte. Schmerzend laut durchschnitt der Klingelton die Stille und die Intensität ihrer Gedanken. Beide starrten einen Moment lang auf den Hörer, unfähig, sich zu rühren. Sie löste sich als Erste aus der Erstarrung und schaffte es, sich den Telefonhörer ans Ohr zu halten. Sie meldete sich kaum hörbar. Er konnte die Worte nicht verstehen, die am anderen Ende der Leitung gesprochen wurden. Er sah nur, wie seine Frau blass wurde. „Danke", sagte sie mit fremder Stimme und legte auf.

„Sie liegt auf Intensiv, wird beatmet." Ihm wurde schwindlig. Es brauste laut in seinem Kopf. Das Herz raste. Er atmete schwer. Er wollte nicht zulassen, dass das Gehörte in seiner ganzen Bedeutung zu ihm durchdrang und wusste doch gleichzeitig, dass es passiert war. Das Virus hatte nun auch ihre Tochter befallen. Ihre Chancen standen schlecht. Jederzeit könnte sie sterben. Sie mussten zu ihr! Jetzt sofort!

Als ob sie seine Gedanken erraten hätte, sagte sie: „Niemand darf die Infizierten besuchen. Es ist zu gefährlich." „Aber wir …", wollte er einwenden. „Nein, auch wir nicht. Niemand. Wir müssen warten."

Er fragte nicht, wie sie so gelassen bleiben konnte in dieser Situation. Er wusste ganz genau, dass sie das nur vorgab, um ihrer beider Angst nicht noch zu steigern. Sie liebten ihre Tochter ohne Ende. Ja, ja, sie hatten auch einen Sohn, acht Jahre älter als die Tochter, ein begeistertes Naturkind. Schon vor vielen Jahren war er nach Kanada ausgewandert, hatte dort seine Lebensgefährtin gefunden und lebte mit ihr irgendwo in der kanadischen Einsamkeit, mit Bären und Wölfen und viel Winter. Ganz selten hatten sie Kontakt mit ihm und noch seltener hatte er sie besucht. Aber die Tochter war geblieben. Und sie war schon immer ein besonderes Kind für sie gewesen: zu allen Menschen freundlich, wenn auch etwas zurückhaltend. Sie hatte schon immer gewusst, was sie wollte, war gescheit und durchsetzungsstark. Ein glänzendes Abitur hatte sie gemacht, dann aber beschlossen, nicht zu studieren, sondern den Beruf der Krankenschwester zu erlernen. Trotz ihrer Situation als Alleinerziehende, hatte sie sich immer wieder weitergebildet. Ihr Traum war es, einen eigenen Krankenpflegedienst zu gründen. Ganz nahe war sie dem Ziel schon gekommen, wollte nur noch zwei, drei Jahre warten, bis Marie älter und verständiger war.

– Marie! Wo war Marie? War sie doch bei der Nachbarin? Jemand musste sich jetzt kümmern!

Wieder und wieder wählte seine Frau die Nummer und endlich meldete sich die Nachbarin. Ihre Stimme hörte sich an, als hätte sie geweint. Ja, Marie sei bei ihnen und es ginge ihr gut. Nein, nein, es sei kein Problem. Marie könne die nächsten Tage bei ihr bleiben, bis man wüsste, was mit ihrer Mutter wäre und wie es weiterging. „Aber", sagte sie dann, „ich habe selbst vier Kinder zu versorgen, jetzt auch noch Marie dazu... Ich kann leider nicht für sie einkaufen. Ich kann die Kinder nicht allein lassen. Und Sie wissen ja, dass mein Mann derzeit wegen der Beschränkungen nicht von Spanien nach Hause kommen darf ..."

Seine Frau zeigte Verständnis, äußerte ihrer beider tiefsten Dank für Maries Bleibemöglichkeit und sagte, sie kämen ansonsten ganz gut zurecht.

Das war natürlich gelogen. In ein paar Tagen würden die Lebensmittel ernsthaft knapp werden und beide brauchten demnächst Nachschub bei ihren Medikamenten.

Es war gut, es war sehr gut, dass sie sich zunächst um Marie keine Sorgen machen mussten. Die Nachbarin hatte ein großes Herz, in dem auch Marie Platz hatte. Aber sie hatte auch deutlich gemacht, dass es sich bei Maries Betreuung nur um eine vorübergehende handeln konnte. Von ein paar Tagen hatte sie gesprochen. Dann musste eine Lösung her, und zwar unabhängig davon, wie es um die Tochter stand.

Ja, das kleine Mädchen war früher, also vor der Pandemie, sehr gerne bei ihnen gewesen, hatte eine große Liebe zur Natur entwickelt. Manche Stunde war sie mit ihrem Großvater durch Wiesen und Wald gestreift, hatte unzählige Fragen gestellt und von ihm beantwortet bekommen. Jedes Mal brachte sie irgendwelche Schätze von den Ausflügen mit, die sie dann vor der staunenden Großmutter ausbreitete und äußerst fantasievolle Geschichten dazu erzählte. Er erinnerte sich sehr genau daran. Und seine Frau dachte an die Zeiten, in denen Marie ihr und ihrem Mann bei der Gartenarbeit Gesellschaft geleistet hatte. So viel gelernt hatte die Kleine, einfach so, aus purer Freude und Neugier! Manchmal hatte sie schon richtig mit angepackt. Hin und wieder war sie auch über Nacht geblieben. Im Sommer frühstückten sie dann draußen. Das war für sie immer das Größte gewesen.

Sie schauten sich beide an und wussten, dass sie denselben Gedanken hatten: Marie könnte doch bei ihnen wohnen!

„Aber wie soll das gehen?", fragte er. „Wir haben uns schließlich nicht freiwillig zurückgezogen." Seine Frau schaute ihn an und er konnte förmlich sehen, wie es in ihrem Kopf arbeitete. Sie war schon immer eher die Pragmatische, die sich nicht in ein Problem verbiss, sondern schnell nach Lösungsmöglichkeiten suchte. Doch diesmal fiel es ihr schwer. Das Virus und die Gefahr, die von ihm ausging, standen einfach riesengroß im Vordergrund; es gab kein Vorbeikommen. Andererseits war die Not, Marie eine verlässliche Bleibe zu bieten, genauso groß, vor allem, falls ihre Tochter …

Erschrocken hielt sie inne. Nein, daran wollte sie nicht denken! Nicht daran! – Aber wenn doch? …

Hatte sie die Befürchtung laut ausgesprochen? Er sah aus, als wäre er genauso erschrocken, wie sie. „Und wenn doch?", wiederholte er ihren Gedanken laut. „Marie ist unser Enkelkind. Wir tragen doch auch Verantwortung für sie."

Früher wäre es so einfach gewesen. Ganz selbstverständlich hätten sie ihr Zuhause für Marie geöffnet, hätten sogar ihr Leben für sie umgekrempelt. Aber jetzt? Wie sollte das gehen? Die Gefahr lauerte überall! Überall, wo Menschen aufeinander trafen konnten sie sich anstecken. Und ob er eine Infektion mit diesem Virus überleben würde… Er wagte gar nicht, daran zu denken. Alle Menschen warteten auf die rettende Impfung. Aber so schnell ging das nicht. Die bisherigen Versuche und Erkenntnisse waren noch viel zu unsicher.

Sie aber müssten ihren sicheren Zufluchtsort aufgeben, müssten raus und sich den Gefahren aussetzen. Vor allem er. Seine Frau hatte nie einen Führerschein gemacht. Es war nicht notwendig gewesen und sie hatte auch nie Interesse daran gezeigt. Also würde es an ihm sein, sich ins Auto zu setzen…

Was aber, wenn ihn dann das Virus erwischte? Wenn er krank würde und ausfiel? Da war niemand, der die Versorgung seiner Frau und von Marie übernehmen könnte. Sie hatten die Verbindungen abbrechen lassen, ihre Netzwerke zerschnitten. Wie die meisten Menschen hatten sie geglaubt, der ganze Spuk sei in ein paar Wochen, maximal in wenigen Monaten vorbei. Dann, so dachten sie, wäre das Virus wieder verschwunden und sie könnten ihr altes Leben wieder aufnehmen. Wie naiv sie gewesen waren! Nun war es Herbst und die Zahl der Erkrankten nahm täglich zu, anstatt ab. Alle Familien hatten genug eigene Probleme. Und er hätte nicht einmal gewusst, wen er um Hilfe hätte bitten können.

„Vielleicht sollten wir gar nicht so weit denken", meinte seine Frau, die einmal mehr ziemlich genau wusste, was ihm durch den Kopf ging. Und sie hatte recht. Vielleicht wäre die Tochter in ein paar Tagen schon über den Berg. Sie war jung und überstand die Krankheit sicher ganz anders, als zum Beispiel seine Frau. Marie war für ein paar Tage gut untergebracht, und wenn sie sparsam und kreativ mit den noch vorhandenen Lebensmitteln umgingen, kämen sie sicher noch vier, fünf Tage, vielleicht sogar noch eine Woche irgendwie über die Runden.

Gerade, als er erleichtert durchatmen wollte, fiel das laute Schrillen des Telefons wieder über sie her. Er erstarrte vor Schreck. Sein Herz wurde laut und eng. Ihm wurde gleichzeitig heiß und kalt. Wieder hatte seine Frau die Schrecksekunde schneller überwunden als er und streckte die Hand nach dem Telefon aus. Mitten in der Bewegung hielt ihre Hand kurz an, aber das zweite Klingeln ließ sie die Bewegung vollenden. Sie meldete sich nicht, sondern sandte nur ein „Ja?" durch den Hörer. Das Gespräch war noch kürzer als beim letzten Mal. „Unsere Tochter? Sind sie ganz sicher?", hörte er seine Frau in beschwörendem Flüsterton sagen. Dann sagte sie nur noch völlig unbeteiligt ein paar Mal „Ja. Ja.", bevor es am anderen Ende der Leitung stumm wurde. Es ertönte das Leerzeichen, aber sie reagierte nicht. Den Hörer mit der einen Hand umkrampft, schaute sie ihn an, wie sie ihn noch nie angesehen hatte. Er wagte nicht, sich zu bewegen oder die Frage zu stellen, die voller Angst auf seiner Seele brannte. Er konnte nur warten; warten und zusehen, wie sie die Lippen bewegte, aber keinen Ton hervorbrachte. Alles Blut war aus ihrem Gesicht gewichen, übergroß und starr blickten die Augen daraus hervor. Obwohl er sie anschaute, schaffte sie es nicht, seinen Blick zu finden. „Wie sage ich es ihm?", fragte eine ihrer inneren Stimmen. „Es wird ihn umbringen." „Sei bei mir!", schrie die andere Stimme in ihr. „Ich brauche dich jetzt!" Er wagte einen kleinen Schritt in ihre Richtung. Und noch einen. Längst wusste er, welche Nachricht sie ihm überbringen musste. „Sie konnten nichts mehr für sie tun", hörte er sie mit kaum vernehmbarer rauer Stimme sagen. „Sie konnten nichts mehr für sie tun!", rief sie laut in den Raum. Dann sah sie ihn an und schrie: „Sie konnten nichts mehr für sie tun!! Sie konnten nichts mehr für sie tun!" und brach in lautes Weinen aus. Er fing sie auf, als sie auf ihn zu wankte. So hatte er sie noch nie erlebt. Lange hielt er sie in seinen Armen, bevor er sie vorsichtig aufs Sofa bettete. Er konnte nichts anderes tun, als ihre Hand zu halten und sie zu streicheln, bis sie endlich, endlich erschöpft einschlief.

Während ihm selbst die Tränen über die Wangen liefen fühlte er etwas Großes in sich aufsteigen. Es war ein ganzes Meer an Wärme und Verbundenheit, das ihn überkam. Diese Frau war ein Teil von ihm, ein Teil seines ganzen langen Lebens. Er litt mit ihr, wenn sie Schmerz und Leid fühlte und spürte Freude und Glück, wenn es ihr gut ging. Jetzt aber kam etwas Großes hinzu: sie brauchte ihn, wie sie ihn noch nie gebraucht hatte! Und er war bereit. Er spürte eine unendliche

Kraft in sich und gleichzeitig eine vollkommene Klarheit in seinen Gedanken. Sorgsam hüllte er sie in die Wolldecke ein, die auf dem Sofa lag und stand vorsichtig auf.

Er wusste, was jetzt zu tun war.

Zunächst rief er beim Krankenhaus an, um zu regeln, was noch zu regeln war. Dann meldete er sich bei der Nachbarin, um ihr die grausame Nachricht mitzuteilen. Er vereinbarte mit ihr, dass er Marie morgen Vormittag abholen würde.

Für das letzte und schwierigste Gespräch suchte er die Nummer seines Sohnes heraus. Sehr lange hatte er nicht mehr mit ihm telefoniert. Ein Blick auf die Uhr sagte ihm, dass es dort gerade kurz nach Mittag sein müsste. Inständig hoffte er, dass er den Sohn um diese Zeit zu Hause antreffen würde, denn bei seinen Forschungsaufgaben in den Weiten der kanadischen Wildnis war er kaum erreichbar. Er hatte Glück und schnell hörte er die tiefe Stimme des Sohnes ein gutgelauntes „Hello!" ins Telefon rufen. Kurz spürte er den ganzen Schmerz, den die Nachricht auslösen würde. Aber dann machte er sich innerlich gerade und schaffte es, das Unsagbare auszusprechen.

Lange war es still am anderen Ende der Leitung. Nur langsam kam dort an, was mit der kleinen Schwester geschehen war. Es wurde ein langes Gespräch. Die Männer versuchten, sich gegenseitig zu trösten und zu stützen. Dann fragte der Sohn nach Marie. „Ich hole sie morgen zu uns. Wir sind ihre Großeltern.", sagte er. Beide wussten aber schon in diesem Augenblick, dass dies keine Lösung für immer war. Er und seine Frau waren deutlich über die Siebzig und konnten einem Kind keinen wirklichen Elternersatz bieten. Aber erstmal war es das Beste, was sie tun konnten. Im Leben des Sohnes und seiner Partnerin würde sich in den nächsten Jahren auch Einiges ändern, erfuhr er im weiteren Verlauf des Gesprächs.

Das Forschungsprojekt, an dem die beiden arbeiteten, war in einigen Monaten abgeschlossen und beide hatten den Wunsch, eine Zeit lang in Europa, möglicherweise in Deutschland zu leben und zu arbeiten. Vielleicht ergäben sich dann ganz neue Perspektiven für die ganze kleine Familie. Es sei aber alles noch offen, meinte der Sohn.

Vielleicht sollten damit keine voreiligen Hoffnungen geweckt werden.

Noch lange, nachdem er sich von seinem Sohn verabschiedet hatte, ging ihm das Gespräch immer wieder durch den Kopf. Er hatte sich jetzt zu kümmern, um alle Dinge, die morgen, in den nächsten Tagen und Wochen, aber auch in fernerer Zukunft auf sie zukommen würden.

In seinen Gedanken vermischten sich Plan und Wunsch. Beide voneinander zu trennen und sich um die am nächsten liegenden Dinge zu kümmern, war jetzt wichtig. Er sah hinüber zu seiner Frau und stellte dankbar fest, dass sie noch schlief. Er öffnete den Kühlschrank und die Vorratskammer, überprüfte deren Inhalt und stellte eine Einkaufsliste zusammen. Neben die Liste legte er zwei FFP2-Masken und ein Fläschchen mit Händedesinfektionsmittel. Dann ging er hinüber in das kleine helle Zimmer, packte herumliegende Dinge in eine große Kiste und räumte diese in den Keller. Danach schaute er sich noch einmal in dem Zimmer um. Dort drüben in der Ecke würde das Bett stehen. Den kleinen Schreibtisch würde er daneben ans Fenster stellen. Ein Regal und eine Kommode hätten auch noch Platz an der Wand, so dass noch genügend Spielfläche übrigblieb. So würde es gehen.

Und wenn irgendwann der Sohn hierherkäme, könnte man über alles Weitere sprechen.

Die Verantwortung, die er nun hatte, machte ihn stark, stärker als all der Schmerz, den er fühlte und der noch eine lange Zeit immer wieder über ihn kommen würde.
Er ging wieder zurück zu seiner Frau, schaute sie lange und liebevoll an und wusste, dass sie es schaffen konnten.

Edeltraud Lipski

Zuversicht

Wenn auf einmal nichts mehr geht,
nicht mal mehr die Welt sich dreht,
wenn's aussieht so, als schaffst du's nicht,
so bleibt dir doch die Zuversicht.

Ihr Platz ist tief in deinem Herzen,
leucht' heller noch als tausend Kerzen,

Wenn alles ringsum grau und traurig,
und Spukgesänge hallen schaurig,
die Menschen schimpfen nur und jammern
auf den Straßen und in Kammern, …

dann ist's Zeit, zu ihr zu sehen,
unter ihrem Schutz zu stehen,
mittendrin im hellen Licht,
selbst erfüllt von Zuversicht.

Edeltraud Lipski

Angesteckt?

Deine Geschichte:

Die Autoren und Autorinnen:

Joachim Peters

Ich bin ein pensionierter Jurist, der versucht, die letzten Jahre vor seinem unabänderlichen Tod glücklich zu verbringen.

Etwas, was mich ausmacht ist eine emotionale Natürlichkeit, gepaart mit einem analytischen Verstand. Außerdem gehört zu mir unersättliche Neugier, Bauchgefühl und auch die Lust auf Alleinsein. Einzigartig bin ich wohl nicht, aber ich versuche als Mensch zu leben und ich meine, dass dies das Schwerste in dieser Welt ist.

Bereits seit meiner Kindheit und Jugend habe ich immer kleine Gedichte geschrieben. Während meines Arbeitslebens habe ich dann und wann Lyrisches zum Stressabbau verfasst. Seit meinem Ruhestand schreibe ich eher Prosa.

Schreiben ist für mich pure Entspannung. Das Dahintreiben im Ozean der Wörter und Buchstaben ist wunderbar, auch weil man sich stets eine Antwort auf die Frage erhofft, was dabei mit einem geschieht. Manchmal schreibt man eine schlichte Geschichte und auf einmal rutscht diese ins Skurrile ab. Das ist total witzig, weil das ganz von selbst passiert.

Am liebsten schreibe ich Gedichte, in denen Gedanken treiben – manchmal in eine ganz andere Welt hinein – und Geschichten, die ein unerwartetes Ende haben.

Gisela Pelz

In Thüringen bin ich geboren. Prägend war jedoch meine Kindheit in Ostfriesland und dann die Zeit in Hamburg. Kaum, dass ich schreiben konnte, habe ich kleine Texte und Gedichte verfasst. Mit Märchen in jeder Form habe ich mich ausgiebig beschäftigt. Sehr gerne arbeite ich auch mit den Händen und habe dabei stets neue Ideen.

Durch den Workshop einer Schreibgruppe bin ich zum regelmäßigen Schreiben gekommen. Dort bin ich geblieben, so lange die Gruppe bestand. Heute schreibe ich über alles, was mir begegnet, manchmal aus der Vergangenheit und manchmal aus der Gegenwart.

Gero Müller

Ich bin pensionierter Lehrer und in Schneverdingen ansässig.
Den Umgang mit Sprache und Sprachen habe ich auch schon aus beruflichen Gründen immer gepflegt.
Im Ruhestand konnte ich mich dann dem Schreiben von Gedichten und Balladen zuwenden.
Dabei bevorzuge ich vor allem humorvolle und aktionsreiche Texte.

Silva Weinrich

Mit wachen Augen und Ohren ging ich, Jahrgang 1947, durch mein bisheriges Leben und kann somit auf zahlreiche Begegnungen mit Mensch und Tier zurückblicken. Nicht wenige davon finden sich in meinen Geschichten und Gedichten wieder, mal spannend, mal lustig und auch nachdenklich machend.
Die Freude am Schreiben begleitet mich schon seit der Schulzeit und heute verschafft sie mir zusätzlich einen wohltuenden Abstand zum täglichen Einerlei.
Am liebsten schreibe ich über Ereignisse im Alltag, die mir irgendwie ungewöhnlich vorkommen, die ich gerade
deshalb erhalten möchte. Fällt mir aber wieder einmal eine Geschichte mit einer gewissen Komik ein oder mit einem unverhofften Ende, so ist das für mich ein besonders Vergnügen.

Christine Hartung-Czaja

Ich bin ein eher eigenwilliger Mensch, nachdenklich, empathisch und fantasievoll, schnell für gute Ideen zu begeistern, aber auch sehr beharrlich, wenn ich mir ein Projekt vorgenommen habe. Mein Interesse gilt vor allem menschlichen Beziehungen in all deren Facetten und Tiefen. Davon handeln auch die meisten meiner Texte, bei denen ich gerne tief empfundenes inneres Erleben meiner Protagonisten einfließen lasse. Ich schreibe am liebsten Hintergründiges und Geheimnisvolles, gerne bildhaft und spannend, so dass der Leser oft überrascht und nachdenklich zurückbleibt.

Edeltraud Lipski

In einer großen Familie aufgewachsen, waren kleine, aber notwendige Fluchten für mich schon seit der frühen Schulzeit Lesen und eigenes Schreiben.

Später, als Sozialpädagogin, hatte ich immer den direkten Kontakt mit Menschen; durch NLP lernte ich viel über Wesen und Hintergründe menschlichen Denkens und Verhaltens und konnte diese Erfahrungen im Beruf und auch beim Schreiben nutzen.

Ich bin mit Kopf und Händen kreativ, lebe und erlebe mit allen Sinnen. Schreiben ist für mich sowohl eine lustvolle und schöpferische, als auch eine meditative Beschäftigung; manchmal schreibt es sich von ganz allein. Dabei gehe ich gerne auch mal neue Wege, egal, ob inhaltlich oder formal. Am liebsten schreibe ich Texte ganz nahe an Menschen, Gedichte und auch Kurzgeschichten mit unerwartetem oder offenem Ausgang.